国家自然科学基金面上项目：“新兴经济体跨国公司海外子公司的战略角色研究：设计形成、动态调整与演变规律”（项目编号：72072123）研究成果。

U0961999

新兴经济体跨国公司海外子公司的战略角色研究

设计形成与调整演变

冯永春◎著

中国经济出版社
CHINA ECONOMIC PUBLISHING HOUSE
·北京·

图书在版编目(CIP)数据

新兴经济体跨国公司海外子公司的战略角色研究：设计形成与调整演变 / 冯永春著 . -- 北京 ：中国经济出版社，2025. 6. -- ISBN 978-7-5136-8182-7

Ⅰ. F276. 7

中国国家版本馆 CIP 数据核字第 202554B1E9 号

策划编辑　张梦初
责任编辑　高　鑫
责任印制　李　伟
封面设计　任燕飞

出版发行　中国经济出版社
印 刷 者　北京鑫益晖印刷有限公司
经 销 者　各地新华书店
开　　本　710mm×1000mm　1/16
印　　张　14. 5
字　　数　207 千字
版　　次　2025 年 6 月第 1 版
印　　次　2025 年 6 月第 1 次
定　　价　78. 00 元
广告经营许可证　京西工商广字第 8179 号

中国经济出版社　**网址** http://epc. sinopec. com/epc/　**社址** 北京市东城区安定门外大街 58 号　**邮编** 100011
本版图书如存在印装质量问题，请与本社销售中心联系调换(联系电话：010-57512564)

版权所有　盗版必究(举报电话：010-57512600)
国家版权局反盗版举报中心(举报电话：12390)　　服务热线：010-57512564

前言 PREFACE

随着经济全球化的深入推进以及知识经济时代的蓬勃发展，新兴市场跨国企业（EMNEs）在国际市场上的活跃度日益提升。在当前国际市场竞争日益激烈、环境不断变化的背景下，EMNEs 面临着较大的挑战与机遇，而海外子公司的战略角色演变已逐渐成为 EMNEs 实现战略突破、谋求长远发展的核心战略举措。海外子公司不仅是 EMNEs 突破国际市场壁垒、拓展全球业务版图的重要切入点，更是其获取战略资源、增强核心竞争力、积极应对全球市场竞争以及实现可持续发展的关键载体。然而，现有研究对 EMNEs 海外子公司战略角色的形成、演变及其效应机制的深入探讨仍显不足，尤其是在动态变化的国际市场环境下，如何有效设计和调整海外子公司的战略角色，以应对错综复杂的市场挑战，进而推动企业达成长期稳健发展的战略目标，已成为理论界与实业界共同面临的一项亟待解决的重要课题。

本书综合运用过程理论、资源基础理论、认知理论和动态能力理论等，通过案例研究、理论推导与实证分析相结合的方法，系统剖析 EMNEs 海外子公司战略角色演变的全过程，并得出以下结论：

（1）EMNEs 海外子公司在不同市场环境下呈现出不同的角色演变路径。在新兴市场，海外子公司可以通过渐进式演变机制，从执行者逐步发展为贡献者，最终成为战略领导者，这一过程需要海外子公司对知识的获取和应用、母公司对子公司知识资源的认可与支持，以及东道国市场对海外子公司能力的接受与需求；而在发达市场，海外子公司可以依赖跃升式演变机制，通过知识创造直接从执行者角色跃升为战略领导者，这一过程受到海外子公司本地创新能力的驱动、母公司对海外子公司战略价值的高度认可，以及东道国市场环境对创新成果的激励的推动。

（2）管理者的认知对海外子公司战略角色演变具有显著的促进作用，不仅直接影响企业对国际市场机遇和挑战的判断，进而推动海外子公司战略角色的转变，还会通过影响创新资源投入和市场能力构建，间接影响海外子公司角色演变。

（3）数智技术应用对海外子公司战略角色演变具有正向促进作用，能显著提升企业内外部沟通效率和资源利用效率，其中组织敏捷性在数智技术应用与战略角色演变之间起部分中介作用，而环境动荡则对二者的相关关系起到正向调节作用。

（4）EMNEs 海外子公司战略角色的演变对其自身及母公司的财务绩效均产生积极影响，海外子公司能够通过提升资源获取与配置能力、增强自主决策权等方式，提高自身的市场竞争力和盈利能力，同时为母公司提供战略支持和创造价值。

本书的理论贡献主要体现在以下几个方面：

（1）基于知识资源助推视角，揭示了 EMNEs 海外子公司角色的渐进式和跃升式演变机制，厘清了知识与海外子公司角色演变之间的内在联系，深化了对海外子公司角色演变过程和机制的理解。

（2）从管理者认知的角度，探讨了其对海外子公司战略角色演变的影响机制，从微观基础角度丰富了对海外子公司战略角色演变的研究，为理解管理者在战略决策中的作用提供了新视角。

（3）深入剖析了数智技术应用对海外子公司战略角色演变的影响机制，拓展了数智技术应用情境研究，深化了对数智技术应用影响机制的认识。

（4）基于价值创造视角，考察了海外子公司战略角色演变对母子公司绩效的影响，构建了效应机制模型的理论框架，为理解海外子公司在企业价值创造中的作用提供了理论支持。

本书为EMNEs在国际化进程中优化海外子公司战略角色提供了重要启示。首先，EMNEs应根据东道国市场的特征和自身的发展目标，明确海外子公司的差异化角色演变路径，合理配置资源，提升国际化战略的实施效果。在子公司成长过程中，企业应给予充分的资源和战略支持，推动其向战略领导者角色快速演变。其次，EMNEs需要加强管理者认知能力的培养，提高其对国际市场环境和企业资源的准确评估与响应能力，以科学调整海外子公司的战略角色。再次，企业应充分利用数智技术，提升海外子公司的市场响应能力和战略角色价值，通过建立统一的数智化平台和加强人才队伍建设，实现母子公司数智化协同发展。最后，EMNEs应以战略角色演变为核心，提升母子公司财务绩效，实现全球资源的高效配置，赋予海外子公司更大自主权，鼓励海外子公司积极探索新的商业模式，并加强母子公司之间的知识共享与互动学习，提升企业的整体竞争力和市场价值。

目录 CONTENTS

表目录

图目录

第一章

绪论

在国际竞争日益激烈、市场环境动荡的背景下，跨国公司(MNEs，Multinational Enterprises)越来越依靠海外子公司寻求市场机遇与战略资产。海外子公司角色的设计形成与调整演变，不仅成为MNEs管理者的核心议题，也成为国际商务研究领域的热点(Ryan et al.，2018；Ambos et al.，2019；Geleilate et al.，2020；Su et al.，2020；Chen，2022；徐琦琦等，2024)。与发达经济体跨国公司(DMNEs，Developed Market Multinational Enterprises)相比，新兴经济体跨国公司(EMNEs，Emerging Market Multinationals Enterprises)在海外成立的子公司，具有更为明显的机会寻求与战略资产寻求动机(Ju等，2023；周超等，2024)。这也是企业克服后来者劣势、获取合法性资源、应对全球竞争、规避贸易壁垒、缓解国内体制束缚、增强企业竞争实力的重要方式(Luo and Tung，2007；Bangara et al.，2012；Cuervo－Cazurra and Ramamurti，2014；魏江等，2020；Velez-Ocampo and Gonzalez-Perez，2022；冯永春等，2023；刘再起等，2024)。因此，许多EMNEs极为重视海外子公司战略角色的设计、形成与调整。然而，学者们对EMNEs海外子公司战略角色的设计、形成与调整等方面的研究却十分匮乏，这为本书研究的开展提供了重要契机。本书将深入剖析EMNEs海外子公司战略角色设计形成与调整演变的全过程，着重挖掘其中的关键影响因素、内在机理与一般性规律，以丰富完善以往对海外子公司角色演变的研究。

第一节 研究背景

一、现实背景

当今世界正处于百年未有之大变局，民粹主义(Populism)和逆全球化

（Deglobalization）思潮有所抬头，保护主义与单边主义对世界经济的负面影响逐步显现。一些经济体试图通过经贸摩擦、竞争中性、国家安全审查等手段，重塑全球贸易规则，这不仅加剧了环境动荡、导致国与国关系紧张，还可能加速全球产业链/供应链的重构，给世界经济带来了巨大的风险与不确定性，也对MNEs的经营与管理提出了新的挑战。与此同时，数字化与智能化等新技术的发展与应用，促使许多MNEs实施国际战略转型，深度变革其创造价值、获取价值及提升竞争优势的经营逻辑。波士顿咨询公司（BCG）发布的报告《跨国企业韧性成长的密码》（*Secrets of Resilient Multinationals*）显示：在过去十年中，绩效优异的DMNEs，如西门子（Siemens）、通用电气（GE）、丰田（Toyota）和帝亚吉欧（Diageo），均动态调整了企业在海外市场的经营战略，将战略重心向海外子公司转移，并动态调整海外子公司的战略角色，重点提升海外子公司的本土经营能力以及价值创造和获取能力，以充分发挥其战略价值，且这一趋势正在持续增强。目前，MNEs设计、调整海外子公司的战略角色与作用已形成一股强劲的浪潮。一些海外子公司也展现出较强的主动性，不再满足于总部安排的既定角色，开始积极主动地挖掘东道国市场潜力，识别或创造市场机会，以期在国际市场中获得更好的成长与发展。

对EMNEs而言，为应对国内外市场的激烈竞争与挑战，经常采用“跳板策略”（Springboard Strategy）（Luo and Tung，2007；Luo and Tung，2018；Kumar et al.，2019；Su et al.，2020；Munjal et al.，2022）。它们在海外成立子公司，开展国际经营、跨国并购或国际创业等，以期获取海外战略资源，（发现或创造）并利用国际市场机会（Kedia et al.，2012；Hernandez and Guillén，2018；Clark and Ramachandran，2019；Kumar et al.，2020），实现国际扩张（吴小节等，2019）。然而，受贸易保护主义与逆全球化趋势的影响，一些EMNEs不得不调整海外子公司的战略角色，以便在寻求战略资源，开展国际经营、跨国并购或国际创业时，能够弥补多种劣势（外来者劣势、新进入者劣势等）（魏江等，2020），获取合法性资源等（Balogun et al.，2019；Peng and Beamish，2019；Liou and Rao-Nicholson，2021），进而适应东道国的市场环境，助力母公司的成长与发展。与此同时，随着国际化程度与竞争实力的不断提升，一些 EMNEs 开始积极融入或重塑全球产业链、价值链、创新链，主动设计并动态调整海外子公司的角色与职能，以期变革企业的价值创造逻辑与竞争优势获取逻辑。然而，与 DMNEs 相比，EMNEs 的海外子公司作为获取战略资源、识别并捕获市场机会的重要载体，直接影响着企业总体战略的实施和目标的达成，因此 EMNEs 尤为重视海外子公司战略角色的设计塑造与动态调整。

第一，逆全球化与贸易保护主义促使 EMNEs 调整海外子公司的角色与职能。近年来，国际局势复杂多变，全球贸易战与科技战频发，致使许多 EMNEs 调整国际经营战略，并对海外子公司的角色进行调整或改变。例如，美国制裁或限制中兴、华为等中国高科技企业，严重威胁这些企业的供应链安全与海外市场拓展，迫使许多中国企业改变海外子公司的战略与职能，并重整供应链系统。同时，逆全球化趋势还可能会加速全球产业链的重构，从而导致许多 EMNEs 难以为其海外子公司提供支持。海外子公司获取东道国市场、技术等战略资源的难度增加，同时将这些资源转移给母公司也更加困难。这致使 EMNEs 调整其海外子公司战略，从原来采取"跳板策略"，开展"内向国际化"（Inward Internationalization），向"深度开发东道国市场"，开展"外向国际化"（Outward Internationalization）转变（吴冰等，2016；Luo and Witt，2021）。此外，一些 EMNEs 的海外子公司不再局限于收集、获取并转移东道国当地的战略资源，开始积极主动地开展国际创业，更为主动地开发东道国市场；许多海外子公司在执行母公司布置的具体任务时，也会扩展经营范围，以应对关税壁垒、政策限制等全球贸易保护主义现象。

第二，母国与东道国制度环境的变动促使 EMNEs 转变海外子公司角色与职能。尽管贸易争端与科技战频繁发生，但随着各个国家逐渐融入全球市场，这也推动各国在制度建设方面不断调整与完善，尤其是在知识产权保护、环境保护、劳动者权益保护等法律法规方面的执行力度不断增强。这使得一些 EMNEs 在母国的经营成本逐渐升高，风险与不确定性增加，促使企业转向开展海外经营，构建或调整其海外子公司在东道国的战略角色。同时，许多 EMNEs 海外子公司进入东道国后采取的竞争与经营策略，也反过来推动东道国的制度建设不断变动与调整。一些东道国会推出相关的法案，制定、调整并完善行业规范等（Meyer and Peng，2016；Wu et al.，2017；Tang and Buckley，2022）。这迫使许多 EMNEs 转变其海外子公司的角色与职能，以满足海外子公司的成长与发展要求，更好地适应东道国的竞争与制度环境。由此可见，母国与东道国制度环境的变动，能够促使 EMNEs 转变海外子公司的角色与职能。

第三，新兴经济体国家政策的动态调整促使 EMNEs 调整海外子公司角色职能。近年来，新兴经济体都在调整自己的海外投资政策，以规范企业的海外投资行为。以中国为例，2019 年中国政府持续健全政策支持体系，为企业“走出去”保驾护航，鼓励企业使用自有资金开展海外投资，同时制定严格的投资政策，以规范企业的海外投资行为，并促使个别盲目且疯狂开展海外投资并购的企业剥离其海外资产以回笼资金。尽管这一举措会导致部分企业的海外子公司难以获得足够的资金支持，使其海外经营受到一定程度的影响，但却激发更多中国企业的海外子公司依靠有限的资金与资源，开展更为独立自主的经营，更深入地开发东道国市场。以印度为例，此前印度穆迪政府大力吸引海外投资的同时，鼓励本国企业开展海外投资并购，印度汽车零件业、制药业、软件业的一批大型私营企业纷纷将目光瞄准海外市场，掀起了一股前所未有的海外收购与投资热潮；然而，2019 年印度国内经济增长低于预期，许多资本与精英阶层开始撤离印度市场，印度政府面对严峻的资金外逃问题，尤其是本国资金外逃，不得不调整货币与财政政策，收紧海外投资额度，引发了印度企业对海外投资与国际经营策略的调整（*The Wall Street Journal*，2019）。

第四，企业竞争力的增强促使 EMNEs 主动设计或动态调整海外子公司的战略角色。以中国企业为例，2024 年《财富》杂志世界 500 强排行榜中，中国企业（包括中国香港企业）达到 128 家，与美国公司数量（139 家）旗鼓相当；地方企业及民营企业对外投资逆势上扬，非公经济控股主体对外投资占比提升。同时，许多 EMNEs 具有较强的学习与吸收能力，善于运用互联网、数字化、智能化等新技术，这使得其综合实力与竞争力得以快速提升，从而在国际市场中表现得更为积极主动。例如：字节跳动等互联网公司，天生就具备全球化与数字化的特性，其国际化进程迅速，国际化程度也不断提高。同时，一些 EMNEs 开始在国际市场中塑造良好的品牌形象，并构建或重塑全球价值链，与 DMNEs 同台竞争，这促使 EMNEs 主动调整海外子公司的战略角色与职能，以便海外子公司能够帮助母公司塑造品牌形象。例如，为了与国际巨头开展竞争，华为通过海外并购与直接投资，设立了 16 个研究院/所/室、36 个联合创新中心；在日本设立小型化设计和质量控制研究中心，在法国设立了巴黎美学研究所，在印度设立了以软件为主要方向的研究中心，在美国设立的研究中心则是以射频、操作系统、芯片为主要方向。华为要求这些海外分支机构主动寻求并重金吸纳国际优秀人才，以便塑造自己的全球供应链与价值链。

第五，EMNEs 高管的全球思维推动公司主动设计或动态调整海外子公司的战略角色。一方面，许多 EMNEs 属于家族企业（以中国企业为例，《2019 年中国上市公司治理指数》显示：截至 2018 年底，中国上市公司共有 3562 家，其中 1566 家属于家族企业，约占 43.96%）；经过多年发展，许多 EMNEs 逐渐由家族二代掌管（上述 1566 家家族企业中，有 330 家由家族二代接班，有 185 家的家族二代已经担任董事长或者总经理，一些重要的海外子公司往往由企业家二代或家族中的重要成员掌管），这些家族成员许多都有海外留学或生活经历，具有一定的全球思维，既能够推动 EMNEs 海外子公司战略角色的设计、形成与调整，又能够获得母公司的资源支持与充分授权，从而更好地适应和开发东道国市场，促进海外子公司与母公司共同成长与发展。另一方面，一些新创的 EMNEs，其公司高管往往具有一定的国际化经验与全球思维。这类企业倾向于开展国际创业，不仅会在海外市场公开上市募集企业发展所需的资金，还会积极开拓国际市场，实现全球经营，这促使企业自主设计并动态调整海外子公司的战略角色。

第六，海外子公司的资源能力及高管等自身因素推动自身战略角色的设计形成与动态调整。随着EMNEs的成长与发展，其海外子公司往往会获得较多的资源与能力，其高管往往也具有较为广阔的国际视野、较高的自主权与积极主动性等，能够掌管并负责海外子公司的运营，以便在东道国获得较好的成长与发展。通常情况下，在EMNEs海外子公司创立初期，需要母公司输出一定的资源（如财务资源、人力资源、权力资源等），以便子公司能够在东道国生存与发展；而随着EMNEs海外子公司的成长壮大，又会反哺母公司，增强母公司的实力，并换取母公司赋予权力等资源（吴义爽、蔡宁，2010；Mudambi et al.，2014；Liu et al.，2016；张娜等，2021）；当具有较多的资源与较高的能力，且高管又具有较高的认知水平与积极主动性时，海外子公司就具备了调整角色与职能的必要条件，此时一些海外子公司将不再满足于履行母公司布置的任务，而是会主动转变角色，承担更多的战略职能，创造更大的战略价值。

二、理论背景

在国际商务研究领域，MNEs海外子公司的角色与作用已成为理论和实践界共同关注的热点问题并持续升温，极具研究价值（Ryan et al.，2018；Ambos et al.，2019；Kawai and Chung，2019；Gutierrez-Huerter et al.，2020；Balogun et al.，2020；Geleilate et al.，2020；Lee et al.，2020；Su et al.，2020）。海外子公司管理研究从发散走向收敛，越来越多的学术研究开始关注海外子公司的战略角色与作用。“海外子公司”（Oversea Subsidiary）一词最早出现在20世纪60年代的学术文献中，但当时的文献主要是针对海外子公司相关的经营活动（如研发、营销等）进行论述（Shearer，1960；Mock，1965；Vernon，1966；Gruber et al.，1967）。1973年，第四次中东战争引发了石油危机和经济危机，在此背景下，研究者开始针对海外子公司进行学术研究，但此时主要从MNEs（母公司或总部）视角的出发，探讨MNEs应采取何种国际经营战略与组织结构来管理海外子公司（Youssef，1973）。20世纪80年代中期，在IB（国际商务）研究领域，MNEs研究开始分化，有研究者开始围绕海外子公司开展研究。20 世纪 90 年代，越来越多的研究者投身于海外子公司角色与作用的探讨，基于多种理论视角对海外子公司的角色进行分类研究，并对海外子公司的自主权、主动性、网络嵌入行为等开展研究。最近几年，研究者开始运用多种理论视角，探讨多层、多种影响因素对海外子公司或母公司的影响机制，阐释海外子公司如何发挥战略职能，创造并获取更高价值。迄今为止，海外子公司研究大致经历四个发展阶段。

第一，早期萌芽阶段（20 世纪 70 年代初期至 20 世纪 80 年代中期），研究者主要基于《战略与结构》（Chandler，1962），探讨 MNEs 的国际经营战略与组织结构的匹配问题，重点分析 MNEs 采用何种战略与组织结构管理（或控制）海外子公司（Stopford and Wells，1972；Egelhoff，1982；Jaeger，1983；Daniels et al.，1984）。其目的是利用层级组织结构和决策权，降低交易成本（Williamson，1975），提高当地响应能力（Doz and Prahalad，1984）。20 世纪 70 年代后，伴随着全球化发展，众多企业开始布局海外市场，设立海外子公司。于是，海外子公司的区位选择、进入模式与管理成为重要议题。例如，实践者大多基于战略设计理念，探讨 MNEs 是采用以母公司为中心的管理模式，还是整合管理模式（Youssef，1973），以应对东道国市场的动荡与不确定性（Miller et al.，1984）。研究者（战略结构学派和早期的母子公司关系学派）主要从 MNEs（总部或母公司）视角出发，分析 MNEs 如何根据战略目标确定组织结构，实现战略与结构的匹配，或协调母子公司间关系，以便更好地管理海外子公司（Bower，1970；Prahalad，1976）。此时学者们主要站在战略制定者角度，认为海外子公司是国际化战略的执行者，对“海外子公司所发挥的战略作用”认知尚浅。但也有研究者注意到 MNEs 母公司与海外子公司间的战略互动（Schollhammer，1971；Brandt and Hulbert，1977；Cray，1984），并发现一些海外子公司在某种程度上可以改变组织结构，甚至影响 MNEs 的国际化战略（Burgelman，1983）。尽管该阶段的研究未将海外子公司作为核心研究对象，也未能深入研究海外子公司发挥的战略作用，但却不乏有价值的见解。例如，有研究发现一些海外子公司在 MNEs 中扮演着极为重要的战略角色，能够影响母公司战略的制定与实施（Hedlund，1980）。这为后续的海外子公司研究做了铺垫。

第二，成长发展阶段（20 世纪 80 年代中期至 1995 年），研究者主要探讨 MENs 海外子公司扮演何种角色问题，重点分析海外子公司的不同类别。随着全球化进程的加快与 MNEs 的进一步发展，IB 领域有关 MNEs 的研究演化为两个方向（Birkinshaw and Morrison，1995）：其一，研究者（后被称为“子公司角色学派”）开始将 MNEs 的海外子公司作为独立单元对其开展研究，以便更好地理解子公司承担的战略角色（Ghoshal and Bartlett，1986；Jarillo and Martinez，1990；Roth and Morrison，1992）；其二，研究者开始探索 MNEs 相关的新概念，以挑战传统组织分析的基础假设（Hedlund，1986；Ghoshal and Bartlett，1986，1988，1990）。前者关注 MNEs 子公司的战略，后者关注 MNEs 的结构（Birkinshaw et al.，1995）。研究者已经明确意识到海外子公司在 MNEs 中发挥的战略作用，开始探讨海外子公司的不同类别（Ghoshal and Nohria，1989）。例如，基于对外直接投资（FDI）动机，研究者将海外子公司的角色分为市场寻求者、（自然）资源寻求者、效率寻求者和战略资产（能力）寻求者（Dunning，1993）；基于整合响应能力，研究者将海外子公司划分为 4 种类别，分析其全球整合与局部适应能力（Prahalad and Doz，1987）；基于母公司授权，研究者将海外子公司分为全球使命者、专家贡献者和本地实施者（Pearce，1992；Birkinshaw and Morrison，1995）；基于知识贡献类型，研究者分析了不同类型海外子公司的知识流入与流出，并将子公司分为不同类别，论述其在知识创造与知识利用方面的差异（Gupta and Govindarajan，1991）。这一阶段，学者们开始以海外子公司为分析对象，重点探讨 MNEs 海外子公司的角色类型，并认识到海外子公司在 MNEs 中可能承担不同角色，且这些角色是在多种因素影响下形成的，根据不同因素，可将海外子公司划分为不同类别。子公司学派的研究能够帮助 MNEs 实施全球战略配置，避免投资的盲目性，并为深入分析海外子公司发挥的战略作用以及战略角色的形成与调整奠定了重要的研究基础。

第三，多元发展阶段（1995—2015 年），学者们将海外子公司作为重要的研究对象，重点分析其如何发挥战略作用以及与之相关的价值创造活动，并开始探讨海外子公司战略角色的形成问题。这一阶段的理论视角更多样，研究对象更丰富，涌现出多个重要的研究主题，并诞生了许多里程碑式的研究成果（Birkinshaw and Morrison，1995；Birkinshaw and Hood，1998；Bouquet and Birkinshaw，2008）。随着互联网等信息技术的应用，全球化进程加快，国际市场竞争加剧，促使 MNEs 开始战略变革和组织变革，转变海外子公司的角色，更好地发挥海外子公司的战略作用，不断提升企业的国际化程度，以应对市场的竞争与挑战，以及风险与不确定性。在此情境下，学者们将研究重点主要聚焦于 MNEs 海外子公司的价值创造活动，探讨各类海外子公司的多种行为活动所创造的价值（Birkinshawa，1998；Birkinshaw et al.，2005；Rabbiosi，2011）；同时，学者们还开始探讨海外子公司角色是如何形成与演变的（逐渐形成了“子公司发展学派”），探讨何种因素影响海外子公司的角色形成与演变（Taggart，1997，1998；Birkinshaw and Hood，1998；Kim et al.，2011）。此时，“子公司发展学派”的学者们克服了“子公司角色学派”研究相对静止的缺陷，从演进视角，结合多种理论，更为科学地探讨海外子公司创造的价值与其角色演变问题。

价值创造方面，研究者主要从以下视角展开讨论：

资源基础视角：市场/知识等战略资源的获取与转移，组织学习、吸收能力、资源依赖等（Pearce，1999；Almeida and Phene，2004；Ambos et al.，2006；Song and Shin，2008；Gnyawali and Singal，2009；Michailova and Mustaffa，2012；Asmussen et al.，2013；Najafi-Tavani et al.，2014）。

制度基础视角：制度环境、制度距离、制度双元、合法性获取等（Dhanaraj，2000；Peng，2001；Xu and Shenkar，2002；Chung and Beamish，2005；Chan and Makino，2007；Li et al.，2007；Feinberg et al.，2009；Peng，2012；Dellestrand and Kappen，2012；Nell et al.，2015；Deng et al.，2018）。

网络基础视角：东道国网络、内外部嵌入性、技术嵌入、业务嵌入等（Anderson and Forsgren，1996；Andersson et al.，2001；Andersson et al.，2007；Najafi-Tavani et al.，2014；Andersson et al.，2015）。

跨国公司理论：新进入者/外来者劣势、交易成本、企业/国家特定优势、OLI 范式、内部化等（Zaheer，1995；Zaheer and Mosakowski，1997；Luo，2003；Rugman and Verbeke，2003；Rugman and Verbeke，2007；Feinberg and Gupt，2009；Johanson and Vahlne，2009；Sun et al.，2012）。

企业行为理论：注意力、国际人力资源管理、国际创业与海外研发创新等行为（Birkinshaw，1997，1998；Birkinshaw et al.，2005；Bouquet and Birkinshaw，2008；Phene and Almeida，2008；Bouquet et al.，2009；Ocasio，2011；Gavetti et al.，2012；Mäkelä et al.，2012；Teece，2014；Sarasvathy et al.，2014）。

组织社会学理论：政治、权力、授权、自主权、主动性、利益相关者、企业社会责任、语言技能、社会认同等（Buckley，1996；Coff，1999；Casciaro and Piskorski，2005；Cantwell and Mudambi，2005；Barner-Rasmussen and Björkman，2007；Yang and Rivers，2009；Dörrenbächer and Geppert，2009；Ambos et al.，2010；Campbell et al.，2012；Dellestrand and Kappen，2012；Wang et al.，2014；Barner-Rasmussen et al.，2014；Mudambi et al.，2014）。

组织经济学理论：公司治理机制、委托代理冲突、权力分配与控制权争夺等（O' Donnell，2000；Dörrenbächer and Gammelgaard，2011；Schotter and Beamish，2011；Nell et al.，2015；Hoenen and Kostova，2015）。

国际化战略视角：一体化、多元化、本土化、标准化战略，国际化反应与适应性等（Taggart，1997；Lockström et al.，2010；Marin and Bell，2010；Meyer and Su，2015）。

经济地理视角：经济距离、地理距离、全球价值链、国际供应链、国际产品/生产网络、区位选择等（Buckley and Ghauri，2004；Mudambi，2008；Sturgeon et al.，2008；Yeung，2009；Zhang and Gregory，2011；

Dellestrand and Kappen，2012）。

通过这些视角，学者们探讨海外子公司相关活动对母子公司绩效产生的影响，重点分析海外子公司如何创造价值、如何实现母子公司的成长与发展。基于文献梳理，本书发现海外子公司价值创造研究可以分为两大主流：一种是基于母公司与子公司间关系的“基础架构观”，即认为 MNEs 母子公司间的关系、组织架构以及企业所处的环境等因素，会影响海外子公司的相关活动，进而影响母子公司的成长与发展；另一种是基于海外子公司行为的“价值逻辑观”，认为海外子公司的行为及特征会影响母子公司的价值创造与资源获取，而海外子公司的价值创造行为会受到各种环境的影响等。海外子公司价值创造研究的成果丰富，实现了从海外子公司战略角色概念的提出向概念解构方向转变，在组成要素层面有力推动了先前研究的发展，为后续研究奠定了基础；但这类研究对海外子公司战略角色的形成与调整认识不足，仍需要对海外子公司“战略角色”的学术属性及其概念化进行持续探索。

角色演变方面。随着海外子公司价值创造研究的逐渐深入（Bouquet et al.，2009；Rabbiosi，2011；Achcaoucaou et al.，2014；Phelps and Fuller，2015），一些学者开始提出疑问：“海外子公司角色是如何形成的?”他们呼吁更多研究者探讨海外子公司角色的设计、调整与演变问题（Birkinshaw and Hood，1998；Taggart，1998；Birkinshaw and Lingblad，2005；Kim et al.，2011；Balogun et al.，2011），解释 MNEs 为何以及如何调整海外子公司的战略角色（Dörrenbächer and Geppert，2010；Schotter and Beamish，2011），分析海外子公司战略角色演变的关键影响因素等（Kim et al.，2011；Achcaoucaou and Miravitlles，2012）。这些研究拓展了海外子公司角色研究的新领域，为探索并构建海外子公司战略角色形成机制与调整规律奠定了基础。然而，“关于海外子公司战略角色研究”仍有较大的探索空间，主要表现为对海外子公司战略角色的形成与调整过程的研究未能对驱动因素加以系统考虑（Teece，2014），缺少与价值创造结果相关联的整体研究设计，从而导致面向理论检验和发展的实证研究较为匮乏，且未能区分 EMNEs 与

DMNEs 海外子公司角色形成的共性与差异。同时，该阶段学者们对海外子公司角色的形成与调整研究，主要采用静态视角，探讨单一因素对海外子公司角色的影响，并未采用动态视角分析海外子公司角色演变过程，也缺乏系统的、多层次因素的探讨与分析。总之，这一阶段海外子公司战略角色研究还存在一定的局限性，但已经有研究者认识到要将海外子公司战略视为一个动态过程（Taggart，1997，1998；Birkinshaw and Hood，1998），可以从设计、计划、定位、企业家、认知、学习、权力、文化、环境与结构等多个视角（Mintzberg，1998）分析海外子公司角色的形成与调整（Birkinshaw and Hood，1998），为后续海外子公司战略角色研究奠定坚实的研究基础。

第四，近几年的发展（2016 年至今），学者们在深化研究海外子公司战略价值创造问题的基础上（Alharbi et al.，2016；Ferraris et al.，2017；Balogun et al.，2019；Alofan et al.，2020；De Beule and Van Beveren，2019；Moon et al.，2020；Lee et al.，2020；Kim et al.，2022；Andrews et al.，2023；Buckley et al.，2024），开始重视海外子公司战略角色的形成与调整研究。数字化、智能化等新技术的应用，给国际市场的竞争与动荡带来更高的风险与不确定性，贸易争端及逆全球化现象不断涌现，这促使许多 DMNEs 和 EMNEs 都在调整国际经营战略，调整或重塑其海外子公司战略角色，以应对国际市场的挑战，进而在东道国市场中获取主动性与适应性。同时，一些新创的互联网公司在拓展国际市场时，不仅会利用互联网、数字化与智能化等新技术（George and Schillebeeckx，2022；Fleury et al.，2024），还会把握市场机会开展国际创业、实施跨国并购，打破原有的海外子公司设立模式，构建全球价值链（He and Zhang，2018；Konara et al.，2021），创新设计其海外子公司战略角色的形成路径与经营模式，进而开发或配置海外子公司所需资源，帮助子公司实现快速成长与发展，以充分发挥其战略作用，帮助母公司获取竞争优势。

通过总结近几年的文献，本书发现海外子公司角色研究涌现出“结果导向”与“过程导向”两个主要流派。一类研究秉承“结果导向”逻辑，以海外子公司角色的要素为核心，集中探讨影响海外子公司角色形成或调整的因素（Nassimbeni et al.，2018；Meyer and Schotter，2020；张昆贤等，2022）。此类研究认为海外子公司角色属于多维构念中的组合模型，受多种因素的影响，不仅受母国与东道国环境（经济、制度、文化等）的制约，还受母子公司资源与能力（知识资源、市场资源、网络资源、吸收能力、研发能力等）的约束与影响，在不同属性因素的影响下，形成了不同类型的角色，并且这些因素的变化能够影响海外子公司角色的形成与调整（Birkinshaw，2016；Ryan et al.，2018；Isaac et al.，2019；Prashantham and Birkinshaw，2020；Raziq et al.，2023；徐琦琦等，2024）。这类研究强调海外子公司角色的形成与调整是多种因素作用的结果，即认为母子公司所处的环境、所拥有的资源与能力等因素的限制与动态变化，能影响海外子公司角色的形成与调整，侧重于 MNEs 的战略选择能力。基于"结果导向"，研究者构建了"前置因素→海外子公司角色→价值创造"的理论开发模型（Verbeke et al.，2016；Park and Chung，2019；Benninghaus，2019；Prashantham et al.，2019；Alofan et al.，2020；Wu and Ang，2020；Meyer and Li，2022；Lee et al.，2023；Tjahjadi et al.，2024），分析母子公司所处环境、所拥有的资源和能力等对其海外子公司角色的影响，更强调组织情境的主导作用。

另一类研究秉承"过程导向"逻辑，以海外子公司角色形成与调整的过程为核心。此类研究认为，海外子公司角色的形成与调整是一个动态变化的复杂过程，在这个过程中，企业管理者可以主动设计、不断试错并调整海外子公司的角色，赋予海外子公司特殊的定位与战略，进而开发或调配相应的资源与能力等，以此改变海外子公司角色的构成因素，实现海外子公司角色的塑造或调整。这类研究强调海外子公司角色是可以被设计且能持续动态调整的，角色设计与调整能够影响海外子公司资源、能力等要素的构建与配置，侧重于 MNEs 设计并动态调整海外子公司角色的能力。同时，此类研究还会强调海外子公司的积极主动性等，关注海外子公司国际创业倾向等。基于"过程导向"，研究者构建了"前置因素（企业家/高管/董事会的全球思维、认知水平等；公司决策逻辑、国际化导向、国际创业倾向、积极主动性等；机会识别或机会创造能力等）→海外子公司角色设计→角色所需的资源与能力等→海外子公司角色→价值创造”的理论模型（Ahsan and Fernhaber，2019；Ciuk et al.，2019；Clark and Ramachandran，2019；Etemad，2019；O' Brien et al.，2019；Evers and Andersson，2020；Park and Yoon，2022；Davies et al.，2023；Buckley and Gençtürk，2024），更强调企业管理者的主导作用。同时，研究者基于认知心理学和决策理论等，开始从微观基础视角，探寻影响海外子公司角色形成、调整与创新背后的一般性规律，重点关注企业家、管理者的特质、认知、心智模型、思维模式、注意力、国际经验等因素的影响作用（Ocasio et al.，2018；O' Brien et al.，2019）。这一阶段，研究者开始从动态的（将海外子公司角色形成视为动态过程）、系统的视角（国家层面：正式/非正式制度差异、文化差异、空间地理等；企业层面：MNEs 战略、总部—子公司关系、总部的参与、总部与子公司距离、子公司自主权、子公司意愿/主动性、所有权结构和人员配备等；个体层面：企业家或高管的能力/愿意/动机、认知风格、文化智力、经验等）（Beugelsdijk et al.，2017；Decreton et al.，2017；Beugelsdijk and Jindra，2018；Ahsan et al.，2019；Decreton et al.，2019；Dzikowska，2019；Isaac et al.，2019；Lagerström et al.，2019；Peng and Beamish，2019；Lee et al.，2020；Moon et al.，2020；Konara and Shirodkar，2021；Gaur et al.，2022；Kaise et al.，2023；Belaounia et al.，2024；Maley，2024），探讨海外子公司角色的影响因素以及价值创造过程。

这两大研究流派的确立，意味着海外子公司角色的理论开发与检验逐渐进入了黄金时期（Dzikowska，2019）。在明确海外子公司属性与维度的基础上，未来研究需要重点关注海外子公司战略角色的形成、动态调整与演变过程，以期发现过程背后的深层次逻辑。

综上所述，全球市场、东道国与母国、母子公司实力等多种、多层因素，诱发企业价值创造与竞争逻辑发生深刻变化，驱动 MNEs 海外子公司战略角色的形成、调整与演变，使其逐渐成为国际商务领域的研究热点。

关注 EMNEs 海外子公司战略角色形成与动态调整问题，有助于我们认识、归纳 MNEs 实践背后的深层次理论逻辑，从而进一步更新、补充并完善既有的理论框架。总之，海外子公司战略角色演变研究已成为战略管理、创业管理、组织管理、技术与创新管理、市场营销等多个科学领域共同关注的热点问题。

第二节 研究问题与内容框架

一、研究问题与研究目标

1. *研究问题*

随着对海外子公司研究的深入，研究者的关注点逐渐从“海外子公司的价值创造”(Claver-Cortés et al., 2018)向“海外子公司战略角色的形成与调整”转变(Taggart, 1997, 1998; Birkinshaw and Hood, 1998; Kim et al., 2011)。目前，国外学者已开始研究海外子公司如何转变战略角色(从战略执行到战略制定；从市场拓展到资源获取；从资源获取到机会的发现与创造；从跨国经营到国际创业；从本地创新到全球创新等)(Meyer and Peng, 2016; Gilmore et al., 2018; Ryan et al., 2018; Tippmann et al., 2018; Nadayama, 2019; Isaac et al., 2019; Prashantham and Birkinshaw, 2020; Jankowska et al., 2021; Chen et al., 2022)，如何获取合法性资源(Balogun et al., 2019; Peng and Beamish, 2019; Zeng and Xu, 2020; Yang et al., 2024)，如何开展开放式创新等(De Beule and Beveren, 2019)，如何获取总部的信任、注意力等(Bouquet and Birkinshaw, 2008; Hul et al., 2017; Joseph and Wilson, 2018; Yu et al., 2019; Hendriks et al., 2023)，如何获取权力与自主权等(Mudambi et al., 2014; Cavanagh et al., 2017; Ruggie, 2018; Gaur et al., 2019; Nuruzzaman et al., 2019; Yan et al., 2022)，如何与总部谈判以调整自身业务范围及权限(Meyer,

2019；Lunnan et al.，2019；Meyer et al.，2020；Gorgijevski and Andrews，2022），如何实现内外部嵌入（Santangelo et al.，2019；Röell et al.，2022，2024），如何提升子公司管理者的文化适应性（Lee et al.，2020），如何激发子企业创业的积极主动性（Ambos et al.，2010；O' Brien et al.，2019）等。基于国际化过程模型、决策理论、国际化理论、委托代理理论、资源依赖理论、注意力理论、社会网络理论以及子公司创业等视角，研究者着重分析海外子公司如何改变业务活动，如何更改企业章程，如何获取、开发和利用知识资产，如何在当地市场和非市场环境中与当地参与者进行合作与竞争，如何重塑自身角色影响母公司的战略与运营，如何为跨国公司母公司做出贡献等议题，从而推动海外子公司战略研究的深入开展。尽管海外子公司战略角色研究不断深入，但 MNEs 海外子公司战略角色的形成与调整是一个错综复杂的动态过程，涉及多种因素、多个层次，需要采用动态的、系统的分析方法加以研究（Lee et al.，2020），才能更好地丰富和完善以往的研究成果。

现有研究已经开始探讨 DMNEs 海外子公司战略角色的形成、调整与演变机制，尤其关注 DMNEs 海外子公司在新兴经济体的战略角色（Kang et al.，2017；Lu et al.，2018；Balogun et al.，2019；Lee et al.，2020；Liu and Li，2022；冯永春等，2023）。对 EMNEs 海外子公司的研究主要集中在价值创造方面，如知识等战略资源获取、合法性获取、机会利用等（张红娟等，2015；Teng et al.，2017；Elia and Santangelo，2017；Bai et al.，2018；Zhang，2020；魏江等，2020；Han，2021；Zhang，2022；Ascani et al.，2023），而对 EMNEs 海外子公司在国际市场中战略角色的形成与调整缺乏研究（Luo et al.，2019）。由于 EMNEs 与 DMNEs 在市场环境、制度环境、公司战略、知识资源、市场资源、合法性资源、管理能力、治理能力、国际化经验、专业知识、责任感与技术创新能力等方面存在巨大差异，致使双方在国际扩张动机、行为与战略方面存在巨大差异（Luo and Tung，2007；张竹等，2016；Luo and Tung，2018；Ramamurti and Williamson，2019；Surdu and Narula，2021），这会进一步导致 EMNEs 海外子公司战略角色的形成和调整与 DMNEs 存在明显差异。同时，EMNEs 还需要在国际扩张中弥补竞争劣势、克服后来者劣势、应对全球竞争者、规避贸易壁垒、摆脱国内体制束缚，并与其他 EMNEs 开展竞合（Luo and Tung，2007；魏江等，2020；Pattnaik et al.，2021；Wu et al.，2023；Jiang et al.，2024），这就使得 EMNEs 海外子公司战略角色的形成与调整变得更为重要，也更为复杂，非常值得学者们深入研究。然而，现有文献对 EMNEs 海外子公司战略角色的形成、调整与演变等方面的研究十分匮乏，这为本书提供了重要的研究机会。

通过梳理海外子公司角色相关的研究文献，本书得出以下四点重要启示：

（1）与 DMNEs 相比，EMNEs 海外子公司的战略角色设计、形成与调整演变是一个更为动态复杂的过程，涉及多层、多种因素，作为新兴研究主题，海外子公司战略角色研究逐渐进入理论检验与创新的黄金时期，但目前针对 EMNEs 海外子公司战略角色的设计、形成与调整演变的研究却十分匮乏，研究者尚不清楚子公司战略角色形成、调整的演进路径与发展模式，因此需要研究者从动态、系统的视角加以分析，从而发现其中的关键驱动因素以及演进规律。

（2）研究者往往倾向于探寻海外子公司战略角色形成与调整的一般性规律，这需要学者们从微观基础视角出发（Gutierrez-Huerter et al.，2020），探寻 EMNEs 海外子公司战略角色形成与调整的新机理，尤其要关注 EMNEs 母子公司管理者的认知能力、洞察力、战略与组织能力等因素所发挥的影响作用。

（3）随着数字化、智能化等新技术的发展与应用，许多 EMNEs 不断推进数字化与智能化转型，还涌现出一些天生数字化、天生全球化类的 EMNEs，这不仅促使企业国际化进程加快、国际化程度不断提升，也使海外子公司战略角色形成与调整的进程不断加速，其中的新机制值得研究者深入探究。

（4）EMNEs 如何通过设计形成与动态调整海外子公司战略角色，帮助企业创造并获取更高价值，需要进一步探析其中的价值获取与创造机制。

对于 EMNEs 而言，海外子公司战略角色的形成与调整本身就意味着企业的成长与发展，既包含着从无到有的设计，也涵盖企业成长过程中战略角色的调整或变化。以 EMNEs 海外子公司为对象的研究，更有助于探索新时期以价值创造为导向的管理理论和思维创新。

基于以上现实背景与理论背景分析，EMNEs 海外子公司战略角色的设计形成、调整演变机制及其效应机制是未来研究的重点方向。本书研究发现，“EMNEs 海外子公司战略角色是如何设计、形成与调整的?”是最需要解决的核心问题，而要有效解决这个核心问题，需要做到以下几点：①剖析 EMNEs 海外子公司战略角色设计、形成与调整的全过程，识别其中关键影响因素与内在规律；②分析 EMNEs 管理者认知如何影响海外子公司战略角色形成、调整与演变，识别其中的微观要素与一般性规律；③探索数字经济情境下 EMNEs“数智化能力”（数字化+智能化，简称“数智化”）能否加速海外子公司战略角色演变；④检验 EMNEs 海外子公司战略角色演变对企业绩效的影响，以揭示海外子公司战略角色的影响效应。

2. 研究目标

基于对核心问题的分解，本书研究首先将聚焦于全面剖析 EMNEs 海外子公司战略角色设计、形成与调整的全过程，以识别关键影响因素与内在规律。其次，将深入探讨管理者认知如何在这一过程中发挥作用，解构管理者面对动态市场环境与资源重配时的认知框架及其对战略角色演变的影响机制。此外，本书还将探求在数字经济情境下，数智化能力能否加速战略角色的调整与演变，从这一视角拓展 EMNEs 角色演变的理论视野。最后，将系统检验海外子公司战略角色演变对母公司绩效的多层次影响。具体研究目标如下：

研究目标 1：打开 EMNEs 海外子公司战略角色设计形成及调整演变的“黑箱”

海外子公司战略角色的设计形成是一个复杂过程，可能需要不断迭代、试错，且涉及多个层面的多种影响因素。尽管现有研究为本书研究提供了初步的理论借鉴，但对于细化海外子公司角色演变路径的探讨仍显不足，这为本书研究提供了契机。研究 EMNEs 海外子公司战略角色的形成、调整与演变过程，不仅具有重要的理论价值，还对企业实际应对国际化中的角色定位挑战具有实践指导意义。通过探究 EMNEs 海外子公司战略角色的形成、调整与演变过程，研究者可以从中总结提炼出关键的影响因素，归纳出不同类别海外子公司战略角色形成、调整的演变路径与发展模式，分析其中的演变规律。本书将基于过程理论，探索海外子公司战略角色形成、调整与演变的全过程，并依据“架构属性”与“价值属性”将海外子公司分为不同类别，分析不同类别海外子公司战略角色形成过程中的关键影响因素、演变规律等，以期打开 EMNEs 海外子公司战略角色设计、形成、调整与演变过程的“黑箱”，为海外子公司角色研究贡献力量。在打开“黑箱”的同时，我们将构建海外子公司战略角色演变的全过程模型。本书将在对 EMNEs 母公司（或总部）与其海外子公司开展深度访谈的基础上，结合对访谈素材的系统性分析，提取关键指标要素，并通过专家访谈、调研等方法，验证指标的效度和信度，为构建过程模型做准备。

研究目标 2：揭示 EMNEs 海外子公司战略角色演变的影响机制

现有文献对 EMNEs 海外子公司战略角色形成与调整等方面的研究明显不足，研究者未能系统探讨是何种因素驱动以及如何驱动海外子公司战略角色的演变。通过文献回顾，本书发现存在“结果导向”和“过程导向”两类观点，这两类观点体现出 MNEs 对待环境、资源与能力的不同态度。“结果导向”强调海外子公司角色要与环境、资源和能力相匹配，重点考察环境、资源与能力对海外子公司角色的影响；而“过程导向”更强调企业如何主动设计海外子公司角色，即强调为了符合设计的角色，企业主动开展资源与能力重构。因此，本书从“管理者认知视角”分析海外子公司战略角色的演变，实质上采用的是认知理论（Daft and Weick，1984），强调高管对海外子公司角色的认知以及对环境、资源与能力状况的认知，是如何影响 EMNEs 海外子公司战略角色的设计、形成、调整与演变的，更强调 EMNEs 高层管理者的主导作用。基于“认知”视角进行分析，暗含的观点是：EMNEs 高层管理者能够主导海外子公司战略角色的设计、形成、调整与演变。同时，要实现EMNEs海外子公司战略角色的形成、调整与演变，还需要高层管理者对环境有较为深刻的认知，对企业资源与能力有清晰的认知（Johnson et al.，2008；Chandler et al.，2014；Ocasio et al.，2018），对海外子公司角色（架构属性与价值属性）有明确的认知。而EMNEs管理者的创造性问题解决能力与类比推理能力，能够推动企业资源与能力演化、海外子公司角色认知演化，进而推动海外子公司战略角色的形成、调整与演变等。因此，本书将收集EMNEs母子公司的数据，聚焦企业管理者如何推动海外子公司战略角色演变，从而更好地发掘其中的内在价值与一般规律，为海外子公司战略角色演变研究贡献力量。

研究目标3：探明新技术对EMNEs海外子公司战略角色演变的影响机制

数字化、智能化等新技术的应用，不仅能够增强EMNEs的综合实力与竞争力，还能使其在国际市场中表现得更为积极主动（Monaghan et al.，2020）。数智化等新技术的应用，不仅能加快EMNEs国际化进程，还能快速提升企业的国际化程度，更重要的是数智化正在改变EMNEs国际化经营模式，颠覆或变革原有的国际化经营逻辑（Eden，2016，2018）。研究者发现，数字化技术可以帮助企业快速克服外来者劣势（Monaghan et al.，2020），并帮助海外子公司提升企业本土经营能力。在数智化情境下，新技术在某种程度上能够加快EMNEs海外子公司战略角色形成、调整与演变的进程；在某些情境下，企业的数智化能力可能起到主导作用，推动EMNEs开展数智化转型与变革，进而推动海外子公司战略角色的设计、形成、调整与演变。因此，本书将会探讨新技术如何加速EMNEs海外子公司战略角色的演变、数智技术能力的主效应以及调节效应，以便总结归纳数智化情境下海外子公司战略角色演变的关键影响因素，发现其中的影响机制与演变规律。

研究目标4：探明EMNEs海外子公司战略角色演变对企业绩效的效应机制

EMNEs海外子公司战略角色的演变对企业绩效的影响较为复杂多样。通过文献回顾，我们发现海外子公司战略角色的演变会引发连锁反应，不仅能够影响自身绩效，还能影响母公司和其他子公司的绩效；不仅能影响企业财务绩效，还能影响企业成长绩效等；甚至在某种程度上，海外子公司还能影响东道国和母国的制度。总的来说，研究者从多个角度探讨过海外子公司对企业绩效的影响。然而，相较于 DMNEs 的海外子公司，EMNEs 的海外子公司是在企业整体下设立的。为了增强竞争实力，海外子公司需要承担更多的战略职能，因而对企业绩效的影响往往更为显著。由于在市场环境、制度环境、公司战略、知识资源、市场资源、合法性资源、管理能力、治理能力、国际化经验、专业知识、责任感与技术创新能力等方面存在巨大差异，EMNEs 的国际扩张动机、行为与战略同 DMNEs 存在巨大差异（Luo and Tung，2007；张竹等，2016；Luo and Tung，2018），这会导致 EMNEs 海外子公司对其自身绩效产生重要影响。然而，现有研究很少关注海外子公司战略角色演变对其自身绩效的影响，更未分析海外子公司角色的动态演变对 EMNEs 绩效产生的影响。因此，本书将分析海外子公司战略角色演变过程中的价值创造与价值获取，从而更准确、更有效地总结归纳其效应机制。

二、研究内容与论文框架

1. 研究内容

研究内容 1：构建 EMNEs 海外子公司战略角色设计形成与动态调整的全过程模型

本书研究围绕 EMNEs 海外子公司战略角色的设计形成与动态调整，聚焦其复杂性与动态性，尝试从两个重要方面展开深入探讨。一方面，研究将系统梳理和总结海外子公司战略角色设计形成及动态调整的路径与模式。在不同的市场背景和企业实践中，海外子公司战略角色的设计与调整往往呈现多样化的特点。本书研究将关注在新兴市场与发达市场环境存在差异的情况下，子公司在角色设计初期如何结合母公司战略目标、东道国市场特性以及内部资源整合等因素，有效构建和调整自身角色。同时，还将从多元化案例中提炼出不同类别子公司在发展过程中所展现的典型路径与模式，呈现战略角色调整的多重形态，以探索其在国际化中的具体实践价值。另一方面，研究基于过程理论的分析框架，深度剖析海外子公司战略角色设计形成及调整中的演进规律。通过动态刻画角色演变过程，聚焦母公司、子公司与东道国之间多层次、多主体的复杂互动关系，研究将揭示驱动角色设计及调整的内在机制以及外部环境中的影响要素。在这一过程中，研究还将关注变化过程中隐含的关键因素及其作用模式，探索子公司如何在适应市场、不确定性和创新要求过程中完成战略角色的演化。从理论角度揭示不同时期角色动态调整的内在逻辑，为子公司角色设计与演化提供系统性的解释框架。

研究内容 2：管理者认知对 EMNEs 海外子公司战略角色演变的影响机制

在全球化竞争日益加剧的背景下，EMNEs 需要动态调整其国际化战略，以适应复杂多变的市场环境。管理者认知作为企业高层对全球市场动态、内部资源能力及战略发展方向的理解和判断，成为关键决策变量，对海外子公司战略角色的演变产生显著影响。本书旨在系统分析管理者认知影响 EMNEs 海外子公司战略角色发展的路径，并探讨其背后的具体作用机制。一方面，本书将着重梳理管理者认知的多维属性对海外子公司战略角色的不同影响方向。高水平的管理者认知能够通过准确识别国际市场中的机遇和挑战，为海外子公司的角色定位提供明确指引，推动其从传统的生产支持型角色向具有更高附加值的市场先锋或创新中心转型。本书也将探讨不同认知维度，例如市场洞察力、资源配置能力和文化适应力，如何在不同情境下影响海外子公司的战略角色调整。另一方面，本书将深入探讨管理者认知通过创新资源投入和市场能力构建影响战略角色演变的内在机制。高层领导的认知水平不仅决定其对市场变化的反应速度，还对企业如何分配资源以支持子公司在研发、技术升级和市场开拓等领域的能力建设产生影响。通过构建实证模型，本书将揭示管理者认知如何推动海外子公司增加创新资源投入和加强市场能力构建，从而优化其在全球价值链中的定位。

研究内容3：数智技术应用对EMNEs海外子公司战略角色演变的影响机制

以云计算、机器学习、人工智能和物联网为代表的数智技术迅猛发展，使国际市场格局正在发生深刻变化，尤其是EMNEs的海外子公司在战略角色上显示出显著的演变特征。本书将围绕数智技术应用与EMNEs海外子公司战略角色演变之间的关系展开研究，力求揭示数智技术如何为海外子公司战略角色的动态演变提供支持，同时总结技术与情境因素互动对角色演变的深远影响。一方面，本书将系统梳理和总结数智技术在不同市场背景下对海外子公司战略角色的影响。本书将实证检验数智技术如何帮助子公司提升内部沟通效率、优化资源配置，并在新兴市场与发达市场中快速适应复杂变化的环境，进而促进战略角色的形成与调整。另一方面，通过构建假设模型并进行实证分析，本书将深入剖析数智技术如何通过组织敏捷性和环境动荡等变量的中介和调节作用影响战略角色演变。数智技术的应用能够加速信息获取与处理，提升子公司资源配置效率和响应市场需求变化的能力。本书将通过实证模型检验这些机制，揭示数智技术推动战略角色演变的具体路径，并分析环境动荡如何调节数智技术应用与组织敏捷性，以及组织敏捷性与战略角色演变之间的关系。通过研究，本书将提供关于数智技术如何影响EMNEs海外子公司战略角色演变的实证依据。

研究内容4：EMNEs海外子公司战略角色演变的效应机制研究

随着全球化的深化和国际化经验的积累，海外子公司不再单纯是母公司战略的简单执行者，而是逐渐发展成为具有深远战略意义的独立主体，成为母公司和整个企业生态系统中的重要驱动因素。在这种角色转变的背景下，理解其对企业整体绩效的深远影响显得尤为重要。本书将重点分析EMNEs海外子公司战略角色演变对母公司与子公司绩效的具体影响。一方面，本书将探讨海外子公司战略角色从执行者向更具自主性和战略领导力角色转变的过程中，对子公司自身财务绩效和市场表现的影响。在角色演变过程中，子公司的资源整合能力、决策灵活性、创新能力等关键因素如何作用于绩效提升将成为关注重点。同时，吸收能力和适应能力作为重要调节因素，分别通过促进其他子公司对外部知识的利用及快速应对环境变化的能力，增强角色演变对子公司财务绩效的正向作用。另一方面，本书将重点关注子公司战略角色的演变如何通过多种路径影响母公司绩效。子公司在实现角色转变的过程中，一方面通过持续的经济贡献支持母公司的全球财务表现，另一方面通过逆向知识转移为母公司提供创新资源、市场洞察及战略建议。吸收能力在母公司层面显现出重要的调节作用，决定母公司对子公司反馈的资源和知识的整合与利用效率，进而影响绩效的提升程度。通过对子公司与母公司互动的多层次分析，本书旨在揭示海外子公司战略角色演变对企业在资源优化、知识流动及全球竞争力提升方面的作用。

本书的研究内容框架见图 1. 1。

2. *研究方法*

运用科学合理的研究方法可以保证研究质量，而适配的技术路线则充分保证了研究过程的规范性以及研究结论的科学性。本书综合运用质化研究与量化研究相结合的混合研究方法，对研究问题进行探讨和分析。采用的研究方法主要有以下几种：文献研究法、案例研究法、问卷调查法、实证分析技术(因子分析技术、结构方程)等，综合运用多样性的研究方法，保证研究的严谨性、科学性、规范性。

(1)文献研究法。本书针对 EMNEs 国际扩张、海外子公司定义、价值创造、战略资产寻求、合法性、自主权、逆向知识转移等领域的相关研究进行搜索、梳理与提炼。具体来说，主要从 VIP(维普数据库)、CNKI(中国期刊全文数据库)、百度学术、谷歌学术、Elsevier、EBSCO、Emerald、SpringerLink、JSTOR、Willey、PQDD 等中文数据库及外文期刊数据库中搜集相关文献。在国内的《管理世界》《科学研究》《研究与发展管理》《外国经济与管理》《管理学报》《科研管理》等 CSSCI 来源期刊中，根据 EMNEs 国际扩张、海外子公司定义、价值创造、战略资产寻求、合法性、自主权、

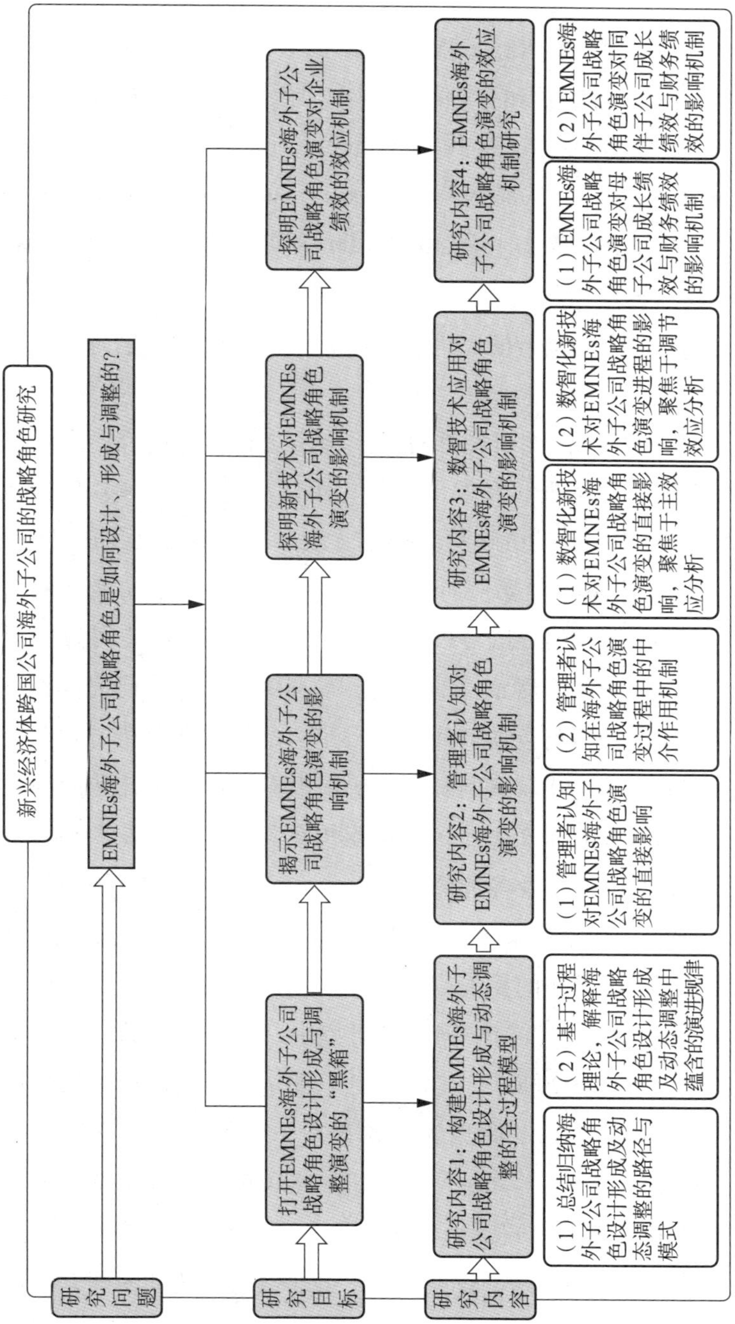
研究问题
研究目标
研究内容
新兴经济体跨国公司海外子公司的战略角色研究
EMNEs海外子公司战略角色是如何设计、形成与调整的？
打开EMNEs海外子公司战略角色设计形成与调整演变的“黑箱”
揭示EMNEs海外子公司战略角色演变的影响机制
探明新技术对EMNEs海外子公司战略角色演变的影响机制
探明EMNEs海外子公司战略角色演变对企业绩效的效应机制
研究内容1：构建EMNEs海外子公司战略角色设计形成与动态调整的全过程模型
研究内容2：管理者认知对EMNEs海外子公司战略角色演变的影响机制
研究内容3：数智技术应用对EMNEs海外子公司战略角色演变的影响机制
研究内容4：EMNEs海外子公司战略角色演变的效应机制研究
（1）总结归纳海外子公司战略角色设计形成及动态调整的路径与模式
（2）基于过程理论，解释海外子公司战略角色设计形成及动态调整中蕴含的演进规律
（1）管理者认知对EMNEs海外子公司战略角色演变的直接影响
（2）管理者认知在海外子公司战略角色演变过程中的中介作用机制
（1）数智化新技术对EMNEs海外子公司战略角色演变的直接影响，聚焦于主效应分析
（2）数智化新技术对EMNEs海外子公司战略角色演变进程的影响，聚焦于调节效应分析
（1）EMNEs海外子公司战略角色演变对母子公司成长绩效与财务绩效的影响机制
（2）EMNEs海外子公司战略角色演变对同伴子公司成长绩效与财务绩效的影响机制

图1.1 研究内容的框架

逆向知识转移等核心概念，以及国际化战略、母子关系、知识转移等其他概念进行搜索。在国外的 JBS、JM、JIM、JMR、AMR、AMJ、ASQ、SMJ、AMR、JOM、OS 等营销学和管理学期刊中，使用 Knowledge Transfer、Reverse Knowledge Transfer、Springboard、Strategic Asset-seeking、International Explantation Strategy 以及 Subsidary Autonomy、Subsidary Roles 作为核心概念及关键词进行搜索，并系统收集 JBS 和 JM 等期刊对于海外子公司战略角色的相关研究，梳理、归纳及分类相关文献，从文献中找出理论空白点，并与本书研究相结合，进行研究构思与研究设计，以此确定研究问题及研究框架。

(2)案例研究法。案例研究针对若干个例进行缜密研究，广泛搜集个例资料，深入了解个例现状及发展历程，予以研究分析，确定问题症结。案例研究的功能主要体现在解释、描述、列示、探索和元评估五个方面(Yin，2002)。本书将采用案例研究的解释、描述和探索功能，采用单案例分析方法。单个案例研究既可以选择极端或特殊案例，也可以选择典型案例或以往难以获得但有启示性的案例。本书将根据具体研究问题——中国跨国企业海外子公司角色如何演变，采用适配的案例分析方法——嵌入式单案例研究方法。为获取案例研究法所需数据，本书预计使用的数据来源包括：①半结构式的深度访谈；②企业档案资料，如企业内刊、公司档案材料等；③参与式观察及参加公司的会议、宣讲等活动；④一些非正式的信息获取渠道，如电子邮件及观察等；⑤社交媒体，包括搜集公司微博、微信等社交平台发布的相关信息与资料。

(3)问卷调查法。在目前中国管理研究中，最为普遍的数据收集方法是问卷法(Li and Tsui，2000)，其较适用于研究一般决策行为的总体状况和特征(黄成，2006)。随着激烈的市场竞争，许多 EMNEs 开展国际化经营，设计、形成并动态调整其海外子公司战略角色，这为本书开展大规模的问卷调查奠定了基础。同时，数字化、智能化技术的应用，会让许多 EMNEs 提升数智化能力，这会影响海外子公司战略角色的演变，可以通过问卷调查法分析数智化能力的主效应或者调节效应。

(4)实证分析技术。本书将根据需要解决的问题，选择适当的统计工具，主要包括 SPSS、AMOS、LISREL 和 PLS 等。初步考虑的主要统计方法有：①描述性统计，对国内外学者与海外子公司相关的研究指标进行分析，进而构建本研究的测度指标。②因子分析，调整测量海外子公司相关的变量的维度、测度与指标，并调整研究模型，以便建立更为可靠的研究模型，提高测量信度和效度。③多元回归技术，利用面板数据的回归分析，验证海外子公司角色的相关变量对 EMNEs 母子公司绩效的影响等，检验国家、行业的相关变量在此过程中的调节作用。④结构方程技术，本书拟采用结构方程技术，分析 EMNEs 母子公司管理团队认知能力对企业绩效的影响机制，并分析母公司战略导向、国际创业动机、网络嵌入等相关变量对其海外子公司战略角色形成与调整等产生的影响。

3. 研究框架

近年来，新兴市场跨国企业在国际化进程中表现出强劲势头，并逐步成为全球多边市场的重要参与者。与发达市场跨国企业不同，EMNEs 在国际扩展过程中常面临市场环境复杂性、内外部资源有限性以及能力积累不足等多重挑战。因此，如何有效设计并动态调整海外子公司的战略角色，以应对多变的市场环境和内部需求，不仅关系到母公司全球竞争能力的提升，还直接影响企业在全球价值链中的地位与长远发展潜力。本书聚焦于 EMNEs 海外子公司战略角色演变的全过程，从多维视角系统研究其形成过程、关键影响因素及最终效应，试图构建一个全面的理论框架(见图 1.2)。本书章节围绕“EMNEs 海外子公司战略角色是如何设计、形成与调整的?”这一核心问题层层递进展开。

(1)绪论。本章主要分析研究的现实背景与理论背景，提出需要研究的问题，并明确研究的迫切性和必要性。同时，明确本书的研究目标、研究内容与框架、研究方法，并对本书的研究意义及创新点进行了详细阐述。

(2)理论基础与文献综述。本章首先对海外子公司角色的具体概念与

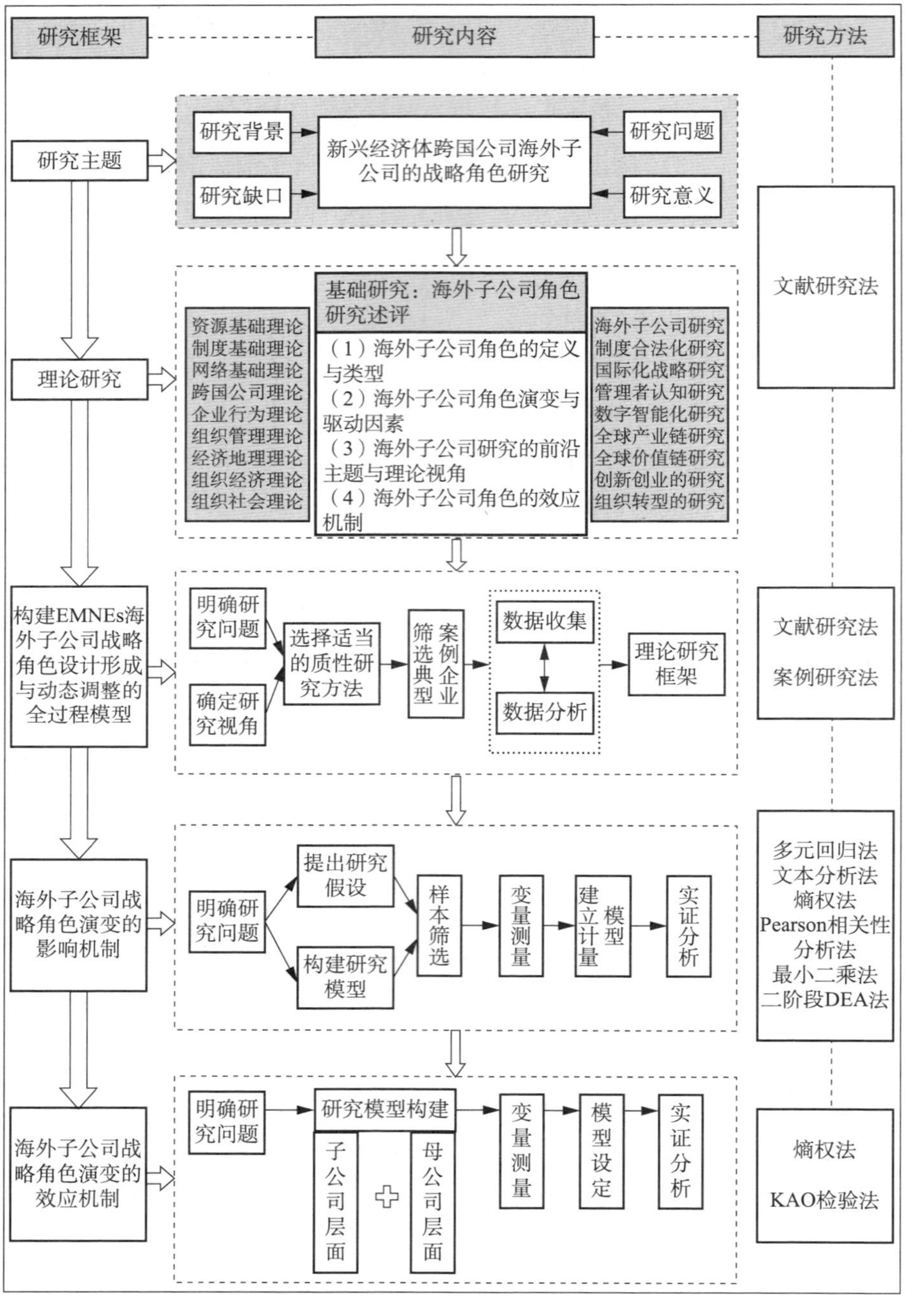
研究框架
研究内容
研究方法
研究主题
研究背景
研究缺口
新兴经济体跨国公司海外子公司的战略角色研究
研究问题
研究意义
文献研究法
理论研究
资源基础理论
制度基础理论
网络基础理论
跨国公司理论
企业行为理论
组织管理理论
经济地理理论
组织经济理论
组织社会理论
基础研究：海外子公司角色研究述评
（1）海外子公司角色的定义与类型
（2）海外子公司角色演变与驱动因素
（3）海外子公司研究的前沿主题与理论视角
（4）海外子公司角色的效应机制
海外子公司研究
制度合法化研究
国际化战略研究
管理者认知研究
数字智能化研究
全球产业链研究
全球价值链研究
创新创业的研究
组织转型的研究
构建EMNEs海外子公司战略角色设计形成与动态调整的全过程模型
明确研究问题
确定研究视角
选择适当的质性研究方法
筛选典型案例企业
数据收集
数据分析
理论研究框架
文献研究法
案例研究法
海外子公司战略角色演变的影响机制
明确研究问题
提出研究假设
构建研究模型
样本筛选
变量测量
建立计量模型
实证分析
多元回归法
文本分析法
熵权法
Pearson相关性分析法
最小二乘法
二阶段DEA法
海外子公司战略角色演变的效应机制
明确研究问题
研究模型构建
子公司层面
母公司层面
变量测量
模型设定
实证分析
熵权法
KAO检验法

图 1.2　技术路线

类型、研究相关的理论基础进行界定。其次，对海外子公司角色的演变及其关键驱动因素进行梳理。最后，对海外子公司角色的相关研究进行梳理与回顾，主要包括海外子公司角色研究的前沿主题，海外子公司在母公司层面、子公司层面和国家层面的效应机制。

(3)中国跨国企业海外子公司角色形成及演变机制研究。本章采用嵌入式单案例研究方法，通过对天士力及其南非和日本两家海外子公司进行深入分析，探讨中国跨国企业海外子公司战略角色形成及动态演变的内在机制。本章基于知识资源助推视角，从母公司、子公司和东道国三个层面出发，考察知识获取、知识应用和知识创造如何推动不同类型海外子公司角色的演变过程。具体分析了中国跨国企业在新兴市场通过渐进式演变机制实现"执行者—贡献者—战略领导者"路径的过程，以及在发达市场通过跃升式演变机制实现"执行者—战略领导者"路径的模式。进一步明确了海外子公司角色从执行者到战略领导者演变过程中的关键影响因素和动态调整规律，并对角色演变的过程路径和差异化发展逻辑进行系统梳理，为后续章节进一步从管理者认知和数智技术等角度分析角色演变提供依据。

(4)管理者认知对海外子公司战略角色演变的影响机制研究。本章采用定量研究方法，基于2013—2021年中国A股中拥有海外子公司的上市公司数据，深入探讨管理者认知对中国跨国企业海外子公司战略角色演变的影响及其机制。本章通过构建理论模型，从管理者认知的主效应和中介效应这两个层面对战略角色演变进行全面分析。在主效应部分，重点检验管理者认知水平如何通过影响企业对国际市场机遇和挑战的识别、对资源能力的评估，直接推动海外子公司战略角色的转变。本章采用文本分析法从企业年报中提取管理者认知水平数据，并结合熵权法构建海外子公司战略角色演变的测度指标，系统分析管理者认知对子公司战略重要性提升、盈利能力优化以及市场定位改进的推动作用，同时探讨管理者认知如何促进企业对海外子公司战略定位的调整，并推动子公司从执行型战略角色向自主创新型战略角色转变。在中介效应部分，聚焦创新资源投入和市场能力构建，分析管理者认知如何通过影响创新资源投入和市场能力构建，进而间接影响海外子公司战略角色的演变。本章进一步结合创新资源投入和市场能力构建，分析管理者认知如何驱动海外子公司提升创新能力和市场竞争力，从而促成海外子公司在不同市场条件下战略角色的形成、调整和演变。通过实证分析，本章明确了管理者认知在战略角色演变中的关键作用及其路径。

(5)数智技术应用对海外子公司战略角色演变的影响机制研究。本章采用定量研究方法，基于2010—2021年我国A股中至少拥有一家海外子公司的上市公司数据，系统探讨数智技术应用对中国跨国企业海外子公司战略角色演变的影响及其机制。本章通过构建理论模型，从数智化新技术的主效应和调节效应两个层面对战略角色演变进行全面分析。在主效应部分，重点检验数智技术如何通过提升母公司与子公司间资源配置效率、优化子公司运营模式及市场定位，推动其快速转型为更具战略价值的角色。本章采用关键词词频分析法，从企业年报中提取母公司数智技术应用水平数据，并结合熵权法构建海外子公司战略角色演变的测度指标，系统分析数智技术应用对子公司战略重要性提升、盈利能力优化以及市场定位改进的推动作用，同时探讨数智技术如何促进母公司与子公司间战略资源配置效率的提升，并推动子公司从执行型战略角色向自主创新型战略角色转变。在调节效应部分，聚焦环境动荡情境下数智技术与子公司组织敏捷性及其战略角色演变之间的作用机制，通过交互项分析验证环境波动对数智技术推动作用的强化效应。本章进一步结合组织敏捷性，分析数智技术如何提升资源重新部署效率及响应市场变化能力，从而促成海外子公司在不同市场条件下战略角色的形成、调整和演变。通过实证分析，本章明确了数智技术在战略角色演变中的关键作用及其路径。

(6)海外子公司战略角色演变对母子公司绩效的效应机制研究。本章采用定量研究方法，基于2014—2021年中国A股中拥有海外子公司的上市公司数据，系统探讨海外子公司战略角色演变对母公司及子公司绩效的影响及其机制。本章通过构建理论模型，全面分析海外子公司战略角色演变对子公司自身和母公司两个层面的绩效影响。在子公司层面，重点检验海外子公司战略角色演变如何通过提升其资源获取与配置能力、提高市场响应速度和决策灵活性，促进自身财务绩效的提升。本章采用熵权法构建海外子公司战略角色演变的测度指标，并结合总资产报酬率衡量子公司绩效，分析战略角色演变对子公司财务绩效的影响，同时探讨吸收能力和适应能力如何调节战略角色演变与子公司自身绩效之间的关系。在母公司层面，重点检验海外子公司战略角色演变如何通过促进母公司获取经济利益、实现全球战略协同、提供知识溢出等，从而提升母公司财务绩效。本章采用总资产报酬率衡量母公司绩效，分析子公司战略角色演变对母公司财务绩效的影响，同时探讨母公司吸收能力如何调节海外子公司战略角色演变对母公司绩效的影响。本章进一步结合吸收能力和适应能力，分析海外子公司如何通过知识转移和能力反哺来影响母公司的全球竞争力，从而促进企业整体绩效的提升。通过实证分析，本章明确了海外子公司战略角色演变对母子公司绩效的关键作用及其路径。

(7)结论及展望。本章将前面章节的研究结果进行概括与总结，提炼出研究结论，并在此基础上提出本书的理论贡献与新兴经济体跨国公司积极应对国外风险的管理启示。此外，还探讨了本书存在的局限性与不足，并对未来有可能进行的深入研究进行阐述与说明。

本书的整体内容逻辑框架如图 1.3 所示。

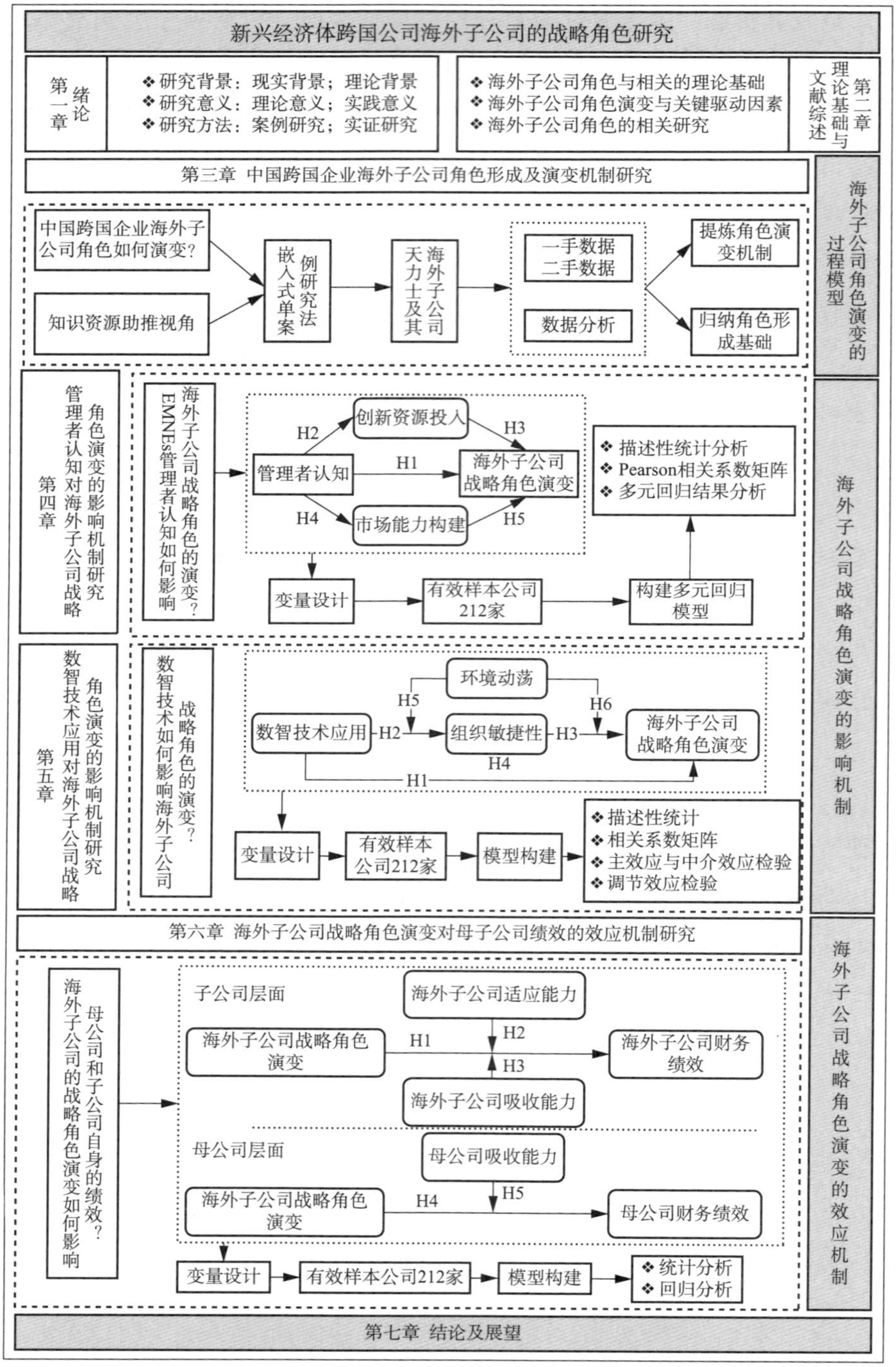

图 1.3　本书的整体内容逻辑框架

第三节 研究意义与创新点

对于EMNEs而言，海外子公司战略角色的设计、形成与动态演变，是其国际化战略和海外经营决策中的核心议题，直接关系到企业的生存与发展，具有重要的学术研究和实践指导意义。本书将整合过程理论、资源基础理论、认知理论与动态能力理论等，运用长期追踪的案例调查与以面板数据分析为主的研究设计，系统地剖析EMNEs海外子公司战略角色演变的全过程，深入挖掘影响海外子公司战略角色演变的关键因素，并探究其内在机理与一般性规律，以期丰富和完善海外子公司战略角色及其演变的研究。本书从过程机制、驱动因素与效应机制三个层面切入，通过案例研究来回答“新兴市场跨国企业(EMNEs)海外子公司的战略角色是如何形成并动态演变的?”这一问题(第三章)；在此基础上，从管理者认知和数智技术应用两个关键角度，运用定量研究方法来分析“是什么在影响着EMNEs海外子公司战略角色的动态演变?”这一问题(第四章和第五章)，最后从价值创造视角，研究“EMNEs海外子公司的战略角色演变如何影响母公司和子公司自身的绩效?”这一问题(第六章)。

本书不仅为海外子公司战略角色研究做出理论贡献，还能为EMNEs管理海外子公司、提升全球竞争力提供实践参考。

一、理论意义

(1)基于过程理论，打开EMNEs海外子公司战略角色设计、形成与演变的“黑箱”，为海外子公司角色与成长研究做出贡献。海外子公司作为独立的分析单元，可以通过多种理论视角对其开展研究，但海外子公司战略角色的形成、调整与演变是一个动态复杂的过程，需要研究者运用过程理论(Process Theory)进行研究(Langley et al.，2013；Bresman，2013；Gehman et al.，2013；Hernes，2014)。海外子公司角色的形成、调整与演变过程，受到母公司战略、东道国环境以及子公司自身资源能力等多重因素的共同影响，而且 EMNEs 在海外市场中可能拥有多种不同战略角色的子公司，这使得海外子公司角色演变的研究更加复杂。为解决该问题，本书并没有对海外子公司进行静态的角色类型划分，而是着重考察其战略角色的动态演变过程，并以知识资源为核心，从母公司动机、东道国市场潜力、子公司知识积累等多重维度，分析海外子公司战略角色在不同情境下的形成、调整与演变，揭示了新兴市场子公司和发达市场子公司的差异化路径。本书旨在深入剖析 EMNEs 海外子公司战略角色演变的内在机制，而不仅仅是聚焦于静态的角色设计和形成，以期为海外子公司角色动态演变过程和机制的研究提供助力，为理解海外子公司的成长提供更全面的视角。

(2)基于认知理论，揭示 EMNEs 管理者认知对海外子公司战略角色设计、形成与调整演变的影响机制，拓展海外子公司的微观基础研究。EMNEs 的成长与发展通常处于高度不确定和复杂的国际环境中。以往研究多关注外部环境对海外子公司战略角色的影响，但环境变化并不能直接决定子公司角色的调整或演变。作为战略决策的核心主体，EMNEs 母公司和子公司管理者的认知是驱动战略角色调整的重要因素，尤其是在复杂环境中，管理者对东道国市场潜力、资源禀赋以及国际商务条件的认知差异，会显著影响海外子公司战略角色的属性及类型设计。管理者对东道国环境变化的敏感性、对母子公司资源与能力的重新评估，可能促使企业采取不同的调整举措，进而引发子公司战略角色的动态演变。此外，不同管理者的认知逻辑可能导致母子公司对子公司角色定位产生分歧，进一步加剧角色调整的复杂性。因此，本书将管理者认知纳入 EMNEs 海外子公司战略角色演变的分析框架，构建基于管理者认知的理论分析模型，从微观层面系统揭示管理者认知对子公司战略角色演变的作用机制。这不仅夯实了海外子公司研究的微观基础，也为 EMNEs 提升国际化管理能力提供了实践指导。

(3)基于数字化情境，揭示 EMNEs 新技术应用对海外子公司战略角色演变的影响机制，探寻海外子公司战略角色演变的新形态，为海外子公司演变研究做出贡献。数字化、智能化等新技术的应用，不仅能够增强EMNEs的综合实力与竞争力，还为其在国际市场中构建新的竞争优势提供了重要机遇，使其在国际市场中表现得更为积极主动（Monaghan et al.，2020）。数智化等新技术的应用，不仅能加快EMNEs国际化进程，还能快速提升企业的国际化程度（黄胜等，2017），更重要的是，数智化正在重塑EMNEs国际经营模式，颠覆或变革原有的国际化经营逻辑（Eden，2016，2018）。研究者发现，数字化技术可以帮助企业快速克服外来者劣势（Monaghan et al.，2020；Nadkarni and Prügl，2021），提升海外子公司的本土经营能力。在数智化情境下，新技术在某种程度上能够加快EMNEs海外子公司战略角色形成、调整与演变的进程；在某些情境下，企业的数智化能力可能起到主导作用，推动EMNEs开展数智化转型与变革，进而推动海外子公司战略角色的设计、形成、调整与演变。因此，本书将会探讨新技术如何影响EMNEs海外子公司战略角色的演变，为以往海外子公司角色研究增添新内容。

（4）基于价值创造视角，揭示EMNEs海外子公司战略角色演变的效应机制，为海外子公司价值创造研究做出贡献。以往研究表明，海外子公司战略角色的演变会引发企业绩效的连锁反应，不仅影响其自身绩效，还会影响母公司以及同伴子公司的绩效；不仅影响财务绩效，还可能影响成长绩效。相较于DMNEs的海外子公司，EMNEs的海外子公司往往承担着更重要的战略职能，对企业绩效的影响也更为显著。由于EMNEs在市场环境、制度环境、公司战略、知识资源、市场资源、合法性资源、管理能力、治理能力、国际化经验、专业知识、责任感与技术创新能力等方面与DMNEs存在巨大差异，致使EMNEs的国际扩张动机、行为与战略也与DMNEs明显不同（Luo and Tung，2007；张竹等，2016；Luo and Tung，2017；Li et al.，2018；Surdu and Narula，2021；Buckley et al.，2023）。这种差异性会导致EMNEs更为重视海外子公司的战略价值，所以EMNEs海外子公司对其企业绩效会产生重要且多重的影响。本书将聚焦价值创造视角，重点分析EMNEs海外子公司战略角色演变如何通过提升子公司自身竞争力，促进母公司资源整合、知识获取与创新能力提升，最终对母公司和子公司绩效产生影响，以期更准确、更有效地总结归纳其效应机制，为理解 EMNEs 如何通过海外子公司创造价值提供理论支持，也为 EMNEs 优化海外子公司战略管理、实现全球绩效提升提供实践指导。

二、实践意义

(1)有助于指导 EMNEs 设立并管理海外子公司，提高决策的科学性与有效性。首先，本书期望构建 EMNEs 海外子公司战略角色设计、形成与调整演变的全过程模型，以期发现各环节存在的微观基础要素。这对指导 EMNEs 设立并管理海外子公司具有一定的实践参考价值与借鉴意义，能够帮助 EMNEs 提升海外子公司管理能力，弥补管理漏洞，进而设立并管理不同类型的海外子公司，以应对国际市场的激烈竞争，适应并拓展市场，进而创造更多的价值。其次，本书从认知视角(管理者主导逻辑)，构建 EMNEs 海外子公司战略角色的演变机制。这不仅有助于 EMNEs 管理者全面了解海外子公司角色的调整演变过程，还有助于管理者基于不同的决策逻辑，思考制定国际化战略或实施战略转型，提高海外子公司管理决策的科学性与有效性。此外，本书还探讨了数字化与智能化等新技术应用情境下，EMNEs 的“数智技术应用”对其海外子公司战略角色演变的影响，为 EMNEs 加快海外子公司战略角色转变提供方案。通过探讨 EMNEs 海外子公司战略角色的设计形成与调整演变，来指导企业科学设立并有效管理海外子公司。

(2)有助于启发 EMNEs 海外子公司管理者优化认知能力，提升国际化管理水平。尽管 EMNEs 常处于充满不确定性与高风险的环境中，但海外子公司战略角色的调整与演变并非完全由外部环境主导，而是与管理者的认知能力和决策逻辑密切相关。本书将管理者的认知纳入海外子公司战略角色设计、形成与调整模型中，系统考察管理者对环境、资源与能力的认知水平，以及其对机会、风险和收益的感知如何影响海外子公司角色的动态演变。这一研究能够启发 EMNEs 管理者深入思考自身的认知偏差和能力短板，增强对国际市场环境和企业内外部资源的理解，从而在高度不确定的情境中，设计并调整子公司战略角色以应对外部挑战。此外，本书通过揭示管理者认知在角色演变过程中的关键作用，为EMNEs管理者提供与国际化战略实施相关的实践指导，帮助其优化认知过程，提高战略决策的科学性与有效性。

（3）有助于引领EMNEs采用数字智能技术，加速推进海外子公司的演变发展。本书在前期调研过程中发现，许多EMNEs天生就是数字化公司。这些企业采用数字化、智能化等新技术，能够快速突破文化障碍，克服外来者劣势，显著加快海外子公司在东道国的成长发展。在应用数字化、智能化等新技术的同时，这些天生数字化的EMNEs还在创新管理思维，加速推进海外子公司角色的演变与快速迭代，革新管理模式与海外子公司经营模式。因此，本书将企业的数智技术应用引入研究模型，探讨该因素对EMNEs海外子公司战略角色演变的影响机制，探寻海外子公司战略角色演变的新形态。通过分析数字化与智能化等新技术对海外子公司战略角色演变的影响，可以引领更多EMNEs关注并采用数字化、智能化等技术，加速推进海外子公司的成长发展，推动海外子公司战略角色的演变。此外，通过探讨企业数智技术应用对EMNEs海外子公司战略角色演变的影响，能够引发管理者对新技术应用与企业国际化战略间关联的思考，促使其思考海外子公司的经营管理模式与价值创造模式，启发管理者变革经营逻辑与价值创造逻辑，从而更科学地设计、形成并动态调整海外子公司的战略角色。

三、创新点

本书紧跟管理实践与学术研究前沿，坚持理论创新与实际应用并重，致力于分析EMNEs海外子公司战略角色的设计、形成、调整与演变的全过程，探寻其中的规律与影响因素及其作用机制。本书的创新之处体现在：

（1）揭示EMNEs海外子公司战略角色演变的动态过程与差异化路径。海外子公司角色的设计、形成、调整与演变是一个动态的复杂过程，涉及多个层面、多种因素。以往研究大多侧重于对海外子公司进行静态的角色类型划分，却忽略了其战略角色动态演变的过程。此外，EMNEs 在海外市场中拥有不同类型的子公司，这使得海外子公司角色设计、形成、调整与演变过程的研究更有挑战性。本书将基于过程理论，分析海外子公司战略角色设计、形成、调整与演变的全过程，剖析不同类别海外子公司战略角色形成过程中的关键影响因素、演变规律等，以期打开 EMNEs 海外子公司战略角色设计过程、形成过程、调整过程与演变过程的"黑箱"，为海外子公司角色研究做出贡献。通过构建 EMNEs 海外子公司战略角色的形成、调整与演变的全过程模型，研究者可以从中总结提炼出关键的影响因素，归纳出不同类别海外子公司战略角色形成路径、调整规律与发展模式，并能分析其中的演变规律，这将推动海外子公司角色研究与海外子公司成长研究的进一步深入开展。

(2)构建管理者认知对 EMNEs 海外子公司战略角色演变的影响机制。尽管 EMNEs 的成长发展处于充满不确定性、风险较高的环境中，常需要调整国际化战略，变更海外子公司角色以适应环境的变化，但管理者是 EMNEs 做出战略调整、设计并调整海外子公司角色的关键决策者和行动主体。EMNEs 管理者对东道国环境的认知、对国际商务的认知，可能导致所设计的海外子公司角色的属性存在差异，设计出不同架构属性与价值属性的海外子公司，进而影响海外子公司角色的类型。同时，EMNEs 管理者对环境、资源与能力变化的感知，可能会促使企业调整海外子公司的战略角色。因而在海外子公司战略角色演变过程中，EMNEs 母子公司的管理者认知能力会对其产生重要的影响。本书将构建理论模型，探讨管理者认知如何影响 EMNEs 海外子公司战略角色的形成、调整与演变，以期揭示管理者认知在海外子公司战略角色演变过程中的作用，并为未来研究提供新的视角。该模型将整合管理者认知、海外子公司战略角色及其演变过程，为进一步探索管理者认知对海外子公司战略角色的影响奠定基础。

(3)探究数字化与智能化技术对 EMNEs 海外子公司战略角色演变的影响机制。目前，许多 EMNEs 开始应用数字化与智能化技术，实施数智化变革；也有一些 EMNEs 天生就是数字化企业。许多 EMNEs 不仅已经运用数智技术，还利用这些技术加速海外子公司战略角色的形成、调整与演变。然而，现有研究主要对数智技术开展概念性探讨，相关的实证研究较为匮乏。本书将探讨数智技术对 EMNEs 海外子公司战略角色演变的影响，分析数智技术能否加速海外子公司角色的演变，考察企业数智化能力的主效应或调节效应，总结归纳其中的关键影响因素与演变规律。通过探究数字化与智能化技术对 EMNEs 海外子公司战略角色演变的影响机制，我们可以将数智化与国际化相结合，从而为研究 EMNEs 海外子公司战略角色演变提供新视角与新方向。

（4）分析海外子公司战略角色演变对母子公司绩效的潜在效应机制。以往研究对 EMNEs 海外子公司战略角色演变对母子公司绩效的影响，可能缺乏系统深入的探讨。相较于 DMNEs 的海外子公司，EMNEs 的海外子公司往往承担着更重要的战略职能，对其母子公司绩效的潜在影响也更为显著。本书将基于价值创造视角，初步探究 EMNEs 海外子公司战略角色演变如何通过提升子公司自身竞争力，以及促进母公司资源整合、知识获取与创新能力提升，进而对母公司和子公司绩效产生影响。本书将会初步分析企业的吸收能力和适应能力并把其作为重要调节变量，以增强战略角色演变对子公司绩效的影响。此外，本书也会预判母公司的吸收能力在海外子公司战略角色演变对母公司绩效影响中的潜在调节作用，为 EMNEs 如何通过海外子公司创造价值提供可能的理论框架。

第二章

理论基础与文献综述

通过梳理与分析海外子公司相关的研究文献，本书总结归纳了海外子公司角色的定义与类型，识别出海外子公司角色形成与调整过程中的关键驱动因素，总结海外子公司相关的研究主题与理论视角，构建出海外子公司战略角色的效应机制，并展示国内外研究现状，以期推动海外子公司角色研究的深入开展，为我国企业实施海外子公司战略角色形成与调整提供参考。

第一节　海外子公司角色与相关的理论基础

一、海外子公司角色的定义与类型

1. 海外子公司角色的定义

海外子公司角色是海外子公司在跨国公司全球战略中所具有的特定功能和作用（郝瑾等，2017），通过积累跨国公司所不具备的独特资源和优势，形成竞争优势（Rugman and Verbeke，1998），进而确保跨国公司经营的有效性和永续发展。早期，产品生命周期与国际化进程领域的研究者认为，海外子公司主要执行 MNEs 战略，其角色由母公司（或总部）指派确定，并未将子公司放到战略层面（Birkinshaw and Morrison，1995）。随着 MNEs 的成长发展，研究者发现海外子公司发挥着越来越重要的战略作用，能为母公司创造更高的价值（Bartlett and Ghoshal，1986；Ghoshal and Nohria，1989；Jarrio and Martinez，1990）。基于此，学者们开始探讨海外子公司角色的内涵与类型，从而帮助 MNEs 识别或设立具有战略价值的海外子公司（Gupta and Govindarajan，1991；Birkinshaw and Morrison，1995）。

研究者将海外子公司定义为 MNEs 在东道国负责价值增值的实体，其角色由公司资源、能力与公司章程确定，公司章程定义子公司的活动范围，资源能力支撑子公司角色的作用发挥(Birkinshaw and Hood，1998)。

然而，随着 MNEs 与其海外子公司的不断成长发展，许多子公司突破了原有的公司章程(或突破母公司/总部的许可)限制，加上子公司资源与能力的提升，使其有实力改变原有的角色并形成新角色(Birkinshaw and Hood，1998)，研究者将这一现象称为海外子公司角色演进(Davis and Meyer，2004)。在子公司角色演进过程中，一些子公司会主动承担起企业发展的重任，开发资源与能力，促进母子公司共同发展，在这个过程中，子公司的地位(或权限等)也能获得提升，与母公司(或总部)能够形成较为平等的合作伙伴关系(甚至上升至战略层级)。当然，海外子公司角色也会受到东道国因素的影响，东道国当地的环境会影响子公司角色的形成与演变(Birkinshaw and Hood，1998)，这促使海外子公司的活动范围与职责发生改变(Davis and Meyer，2004)。

海外子公司战略角色的涌现。伴随着海外子公司角色的形成与演变，一些具有战略价值的海外子公司不断涌现。它们在 MNEs 中承担着重要的战略职责，能够影响母公司(或总部)战略的制定与实施，甚至决定着企业未来的发展方向(Birkinshaw and Morrison，1995)。同时，一些 MNEs 的海外子公司也开始积极主动地开展国际创业(Birkinshaw，1997，1998；Birkinshaw et al.，2005)，不再局限于收集、获取并转移东道国当地的战略资源，而是更加积极主动地开发东道国市场；许多海外子公司在执行母公司布置的具体任务的同时，也会扩展自己的业务范围，突破公司章程的限制，使自己有更广阔的成长空间(Birkinshaw and Hood，1998)。在这个过程中，研究者发现海外子公司角色不断调整演变，出现了一些具有战略价值的海外子公司(Kim et al.，2011)，这些子公司能为母公司创造战略价值，其角色已经由执行母公司战略，转变为主动改变、影响甚至帮助母公司制定国际化战略(Reimann et al.，2015；魏江等，2016)。相关内容见表 2.1。

表 2.1 海外子公司角色的代表性研究

文献作者及时间	研究方法	研究样本	分类的核心要素	子公司角色
White and Poynter (1984)	概念性	30 多家子公司	产品范围、市场范围、增值范围	营销卫星；微型复制型；合理制造型；产品专家型；战略独立型；其他
Ghoshalt and Bartlet(1986)	实证	518 家子公司	竞争能力、战略重要性	黑洞；地区执行者；贡献者；战略领导者
Jarrio and Martinez(1990)	实证	50 家西班牙子公司	一体化、本土化	接受型；自治型；积极型
Gupta and Govindarajan (1991)	概念性	—	知识流入、流出	地区创新者；地区执行者；全球创新者；一体化整合者
Birkinshaw and Morrison (1995)	实证	50 家西班牙子公司	自治权、一体化程度	地区执行者；专业化贡献者；世界委托者
Taggart(1997)	实证	英国 171 家海外子公司	协调、一体化程度	沉默型；接受型；自治型；积极型
Surlemont (1998)	实证	662 家企业	权力、竞争力	休眠型中心；卓越战略型中心；行政中心；全球总部
Randy and Li (1998)	实证	美国 25 个产业的海外子公司	资源流入、流出	资源独立者；资源使用者；全球资源提供者；资源网络中心(资源联络者)
Taggart(1999)	实证	英国制造业的 265 家子公司	自治权、程序公平	好战型；附庸型；伙伴型；协调型
Solberg(2000)	概念性	—	市场知识、自治权	内战型；地方贵族型；同盟型；联邦型
赵景华 (2002)	实证	MNEs 在华子公司	子公司职能	知识提取型；资源获取型；生产基地型；市场开拓型；利润中心型；风险分散型
魏江等 (2016)	实证	中国企业海外子公司	同构模式	空降式；管道式；浮板式；滩头堡式

续表

文献作者及时间	研究方法	研究样本	分类的核心要素	子公司角色
郝瑾等（2017）	实证	中国企业海外子公司	动机、能力、机会	执行者；当地调适者；业务重组者；能力重构者；停滞者；观察者；引领者；创新平台
冯永春等（2023）	实证	中国企业海外子公司	知识资源助推	执行者；贡献者；战略领导者

资料来源：笔者整理而得。

2. 海外子公司角色的类型

基于海外子公司角色构成的核心要素，研究者将海外子公司划分成不同的类型。基于投资动机，Dunning（1993）将 MNEs 的海外子公司划分为 4 种类型：市场寻求者、（自然）资源寻求者、效率寻求者和战略资产（能力）寻求者；郝瑾等（2017）基于“MOA（动机—能力—机会）”框架，从海外子公司设立动机、学习能力与当地环境机会三维度结合的角度，构建了一个用以系统分析子公司角色的整合性研究框架，区分出“执行者”“当地调适者”“业务重组者”“能力重构者”“停滞者”“观察者”“引领者”和“创新平台”8 种角色类型。然而，海外子公司的角色与作用具有多样性，不仅在动机上存在差异，在资源、能力、权力（权限，自治权）、贡献以及职能上也各有不同。基于产品范围、市场范围、增值范围，研究者将子公司划分成营销卫星、微型复制型、合理制造型、产品专家型、战略独立型、其他（White and Poynter，1984）；基于知识的流入和流出，研究者将海外子公司划分为地区执行者、地区创新者、一体化整合者与全球创新者（Gupta and Govindarajan，1991）；基于整合响应能力，研究者将海外子公司划分为 4 种类别，并分析其全球整合与局部适应能力（Prahalad and Doz，1987）；基于母公司授权，研究者将海外子公司分为全球使命者、专家贡献者和本地实施者（Pearce，1992；Birkinshaw and Morrison，1995）；基于内部嵌入性，研究者将海外子公司分为创新型子公司和贡献型子公司（徐琦琦等，2024）。

通过对海外子公司角色类型的划分，研究者与实践者能够从中发现那些具有战略价值的海外子公司，也能帮助实践者设计并创造具有战略价值的海外子公司。由于EMNEs在国际商务领域的作用日益凸显，已经成为全球贸易发展的新引擎（Luo and Tung，2007；Wang et al.，2014），学者们注意到EMNEs常采取"跳板策略"，在海外成立子公司，开展并购、合资或建立研发机构等，具有明显的资源搜寻与机会捕获倾向（Luo and Tung，2007；Awate et al.，2015；Kumar et al.，2020；周伟等，2024），目的是获取战略资源（Kedia et al.，2012），并将资源流转至母公司（Nair et al.，2015）。由于海外子公司是EMNEs重要的分支机构，是其资源获取与能力开发的重要渠道，影响着母公司的资源储量与能力构建，研究者已将海外子公司作为重要的研究对象。然而，学者们在分析EMNEs海外子公司的角色与作用时，大多遵循价值逻辑，关注海外子公司为母公司创造的价值、开发获取的资源以及提升的能力等，而忽视了EMNEs海外子公司的经营逻辑。未来，研究者可以依据经营逻辑与价值逻辑，有效地对EMNEs海外子公司进行分类，以便开展相关研究。

二、海外子公司角色研究相关的理论

研究者从多个理论视角探讨并分析海外子公司角色，不仅剖析海外子公司如何创造价值，还分析了多种因素对海外子公司角色形成与演变的影响。通过文献梳理，本书发现，研究者主要运用以下8种理论来研究海外子公司角色问题：

（1）资源基础理论：研究者探讨了海外子公司如何获取战略资源，以及如何吸收东道国先进的知识并将其转移至母公司，开展逆向知识转移等相关研究（Pearce，1999；Almeida and Phene，2004；Ambos et al.，2006；Song and Shin，2008；Gnyawali and Singal，2009；Michailova and Mustaffa，2012；Asmussen et al.，2013；Najafi-Tavani et al.，2014；Fu et al.，2018）；在此过程中，研究者还探讨了海外子公司角色演变所需的资源与能力，并重点探讨子公司如何摆脱对母公司的资源依赖（Awate et al.，

2015；Asakawa et al.，2018；Procher and Engel，2018；Tarraço et al.，2019；Lee et al.，2020），实现独立自主的成长与发展。

（2）制度基础理论：研究者探讨了制度因素（制度环境、制度距离等）对海外子公司角色设计的影响，分析探讨了制度双元对海外子公司在东道国的适应性与绩效的影响（Dhanaraj，2000；Peng，2001；Xu and Shenkar，2002；Chung and Beamish，2005；Chan and Makino，2007；Li et al.，2007；Feinberg et al.，2009；Peng，2012；Dellestrand and Kappen，2012；Nell et al.，2015；Valentino et al.，2019），并重点分析了海外子公司如何获取合法性资源（Balogun et al.，2019；Peng and Beamish，2019；魏江等，2020；Liou and Rao-Nicholson，2021；Ascani et al.，2023）。

（3）网络基础理论：研究者不仅分析了海外子公司网络嵌入、网络构建等对其资源获取与绩效的影响（Andersson and Forsgren，1996；Andersson et al.，2001；Andersson et al.，2007；Najafi-Tavani et al.，2014；Andersson et al.，2015；Jiang and Xie，2024），还研究了海外子公司嵌入企业内部网络、嵌入技术与业务网络等（Andersson et al.，2015；Isaac et al.，2019；Röell et al.，2024），对从母公司获取自主权与权力的影响机制，以便影响母公司决策制定等（Cavanagh et al.，2017；王娜、王永贵，2017；Galli Geleilate et al.，2019）。

（4）跨国公司理论：研究者主要探讨海外子公司如何克服新进入者或外来者劣势，降低交易成本，利用企业和国家特定优势塑造海外子公司角色，以及是否开展内部化等问题（Zaheer，1995；Zaheer and Mosakowski，1997；Luo，2003；Rugman and Verbeke，2003；Rugman and Verbeke，2007；Feinberg and Gupt，2009；Johanson and Vahlne，2009；Sun et al.，2012；Santangelo and Meyer，2017；Velez-Ocampo and Gonzalez-Perez，2022）。

（5）企业行为理论：研究者主要探讨海外子公司如何获得总部或母公司的注意力（Bouquet and Birkinshaw，2008；Phene and Almeida，2008；Bouquet et al.，2009；Ocasio，2011；Gavetti et al.，2012；Mäkelä et al.，

2012；Teece，2014；Hul et al.，2017；Joseph and Wilson，2018；Yu et al.，2019），以获取发展所需的资源，并重点分析了海外子公司的国际创业及海外研发等行为（Birkinshaw，1997，1998；Birkinshaw et al.，2005；Bouquet and Birkinshaw，2008；Sarasvathy et al.，2014；Ocasio et al.，2018；Ahsan et al.，2019；Caleb et al.，2021；Dividino et al.，2024）。

（6）组织社会学理论：研究者探讨了海外子公司权力、自主权、主动性等因素对其角色塑造的影响，并分析了海外子公司如何在东道国履行企业社会责任，以及工作中使用的语言，能否建立社会认同等问题（Buckley，1996；Coff，1999；Casciaro and Piskorski，2005；Cantwell and Mudambi，2005；Barner－Rasmussen and Björkman，2007；Yang and Rivers，2009；Dörrenbächer and Geppert，2009；Ambos et al.，2010；Campbell et al.，2012；Dellestrand and Kappen，2012；Barner-Rasmussen et al.，2014；Mudambi et al.，2014；Tao et al.，2018；Ahsan et al.，2019；Lee et al.，2020；Iwashita，2022）。

（7）组织经济学理论：研究者探讨 MNEs 如何通过治理机制管控海外子公司，以降低代理风险（O'Donnell，2000；Dörrenbächer and Gammelgaard，2011；Schotter and Beamish，2011；Nell et al.，2015；Hoenen and Kostova，2015），如何获得控制权，以化解代理冲突等（Kostova et al.，2018；Amobs et al.，2019；Chatzopoulou et al.，2024）；同时，研究者还探讨了海外子公司如何获取更大权力，以及如何与其他海外子公司竞争以获得总部更多关注等（Yan et al.，2022；Hendriks et al.，2023；Sewak and Lamin，2024）。

（8）经济地理视角：研究者基于经济距离、地理距离、全球价值链、全球供应链、全球产品/生产网络、区位选择等因素，探讨海外子公司的设置以及绩效，并分析了这些因素对海外子公司角色的影响（Buckley and Ghauri，2004；Mudambi，2008；Sturgeon et al.，2008；Yeung，2009；Zhang and Gregory，2011；Dellestrand and Kappen，2012；Li et al.，2018；Liu and Li，2022；Dai et al.，2022；Lunnan et al.，2023；Ando，2024），

重点探讨了海外子公司如何创造价值，实现母子公司的成长与发展。同时，研究者还从公司战略（一体化、多元化、本土化、标准化战略，国际化反应与适应性等）（Taggart，1997；Lockström et al.，2010；Marin and Bell，2010；Meyer and Su，2015）等视角探讨海外子公司价值创造问题，以及不同战略对海外子公司角色形成与演变的作用。

此外，研究者还对新现象进行探索性研究，并开展综述与方法论研究，对海外子公司角色的相关主题进行探讨。总之，研究者在对MNEs海外子公司的研究中，应用并不断改进相关理论，以做出理论贡献（见表2.2）。

表2.2　MNEs海外子公司研究中应用/改进的理论

理论视角	文献数量	核心概念
资源基础理论	152	组织学习、知识基础观、吸收能力、子公司能力、资源依赖
制度基础理论	94	制度环境、制度距离、制度双重性、合法性
网络基础理论	68	嵌入性（内部、外部、业务、技术等方面）、网络
跨国公司理论	43	外来者劣势、内部化、交易成本、OLI范式、企业特定优势（FSA）、国家特定优势（CSA）
企业行为理论	47	注意力基础观、子公司创业、跨界管理、信任、主动性
组织社会学理论	95	社会网络、权力、自主权、授权、利益相关者、语言
组织经济学理论	83	代理理论、委托代理、代理冲突、产业组织、竞争与合作
经济地理视角	42	经济距离、地理距离、全球价值链、全球供应链、全球产品/生产网络、区位选择
无明确理论	95	新现象的探索性研究、综述、方法论研究

资料来源：笔者根据文献梳理而得。

尽管研究者从多个理论视角分析了海外子公司的角色，但主要聚焦于海外子公司的价值创造活动，而海外子公司从事的活动多种多样，这使得海外子公司角色研究呈现出纷繁复杂、支离破碎且关联度较低的状况。研究者更多是关注海外子公司的价值创造活动及其价值所反映的角色，却忽视了这些价值创造活动背后的经营状况。因此，未来研究者需要从更为深入层次去思考海外子公司的角色属性，基于经营逻辑与价值逻辑重新审视海外子公司，从底层逻辑分析海外子公司角色的架构属性与价值属性，进而挖掘并探讨海外子公司角色是如何设计形成、调整演变的，以此来解决海外子公司角色研究的核心问题。

第二节 海外子公司角色演变与关键驱动因素

一、海外子公司角色的演变

尽管有关 MNEs 子公司的研究非常多，但学者们对 MNEs 海外子公司角色演变的系统性研究却很少（Ryan et al.，2018）。这可能是由于研究者在实践中很难长期追踪 MNEs 及其子公司角色的动态演变。这一演变过程涉及多种复杂的因素，而且这些因素及其相互关系也处在动态变动中。同时，许多研究者认为，海外子公司的角色由 MNEs 母公司根据企业的资源、能力决定，并根据海外子公司所在东道国市场的战略重要性进行分配（王立生、孙少博，2011）。研究者主要从产品生命周期、国际化过程、网络构建、决策制定、地区发展等视角，采用交易成本理论、委托代理理论、认知行为理论、资源依赖理论、决策逻辑理论、注意力基础理论、制度理论、贸易理论等，探讨海外子公司如何演变以适应并发展其组织实践。

通过回顾国内外相关文献，本书发现，关于海外子公司角色形成与演变的机制主要有三种观点（Birkinshaw and Hood，1998）（见图 2.1）。①母公司安排观：这是早期研究者关于子公司角色演变的机制的主要观点（White and Poynter，1984；Young and Hood，1988；Chang，1996），即认为子公司角色由母公司安排确定。这种观点主要运用交易成本理论或认知行为理论来分析子公司角色演变。然而，许多研究者认为，母公司安排观无法有效解释子公司发展变化，具有明显的局限性与不足；因为母公司安排并非子公司角色演变的唯一决定因素，它仅在子公司发展初期，在资源、能力有限的情况下适用。②子公司选择观：这种观点主要采用资源依赖理论与决策理论来分析子公司角色的演变，子公司的成长发展依赖于母公司，但子公司可以选择发挥主观能动性，构建东道国网络，以获取资源、提升能力，从而逐渐降低对母公司的依赖；同时，子公司还可以在某种程度上自主决策，塑造自己的角色。③东道国当地环境决定观：这种观点认为，东道国的环境因素会影响子公司角色演变，这就为同一 MNEs 在不同国家设置不同类型的子公司提供了解释依据。海外子公司所在国家的制度、文化等影响着其角色的塑造。随着海外子公司研究的深入发展，研究者发现海外子公司的角色是由多种因素共同影响形成的，是一个动态复杂的过程，需要研究者从多种角度进行探讨。相关内容见表 2.3。

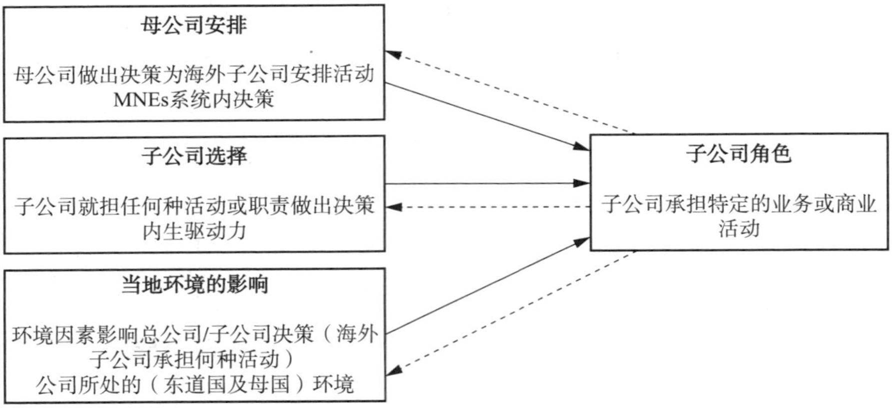

图 2.1　海外子公司角色演变的三种主流观点

资料来源：由 Birkinshaw 和 Hood（1998）的文献修改而得。

表 2.3 海外子公司角色演变观点的总结

研究视角	理论根源	子公司演进动力	子公司在 MNEs 网络内的角色	子公司在东道国的角色	代表性学者
生命周期	经济学；交易成本理论	东道国经济发展；从母公司到子公司的技术转移	下属；技术转移的接收者	在当地市场负责产品制造或销售；剥削者角色	Vernon, Dunning, Boddewy, White and Pointer, Chang, Malnight, Hood, Hamel and Prahalad, Jarrilo, Martinez
国际化过程	认知与行为理论	MNEs 总部管理的认知局限；对国外市场投入的逐步增加	下属；根据市场经验投资的接收者	了解当地市场，获取经验并转给母公司	
网络视角	社会学；资源依赖理论	在组织成长中获得资源；根据相对权力分配职责	网络节点；与总部是平等的合作伙伴关系	“嵌入”当地网络；相对于总部可能是影响力的来源	Ghoshal, Bartlett, Rugman, Verbeke, Forsgren, Holm, Johanson, Burgelman, Doz, Nods, Bower
决策过程	企业管理理论	根据结构情境，实现子公司管理有机发展	需根据情境区分，可能是下属，也可能与总部平等	没有讨论	
地区发展	经济地理学；贸易理论	当地环境改善促进子公司发展	委派子公司在东道国学习	参与当地产业集群；可能为当地经济发展做出积极贡献	Pfeffer, Salancik, Rosenzweig, Singh, Ghoshal, Nohria, Andersson, Johanson

资料来源：根据 Birkinshaw 和 Hood(1998)、Davis 和 Meyer(2004)等学者的研究整理所得。

二、海外子公司角色演变的关键驱动因素

通过文献分析，本书发现：学者们主要探讨国家层面、行业层面、企业层面和个体层面的因素对海外子公司角色演变产生的影响。①国家层面，研究者探讨了母国与东道国的（正式/非正式）制度、经济、科技、文化、地理等方面的环境因素对海外子公司角色演变产生的影响（Minbaeva and Santangelo，2018；Liu and Meyer，2018；Song，2021；White Ⅲ et al.，2023），并非只考虑东道国的环境。因为MNEs海外子公司母国与其所在东道国在国别因素上的差异，会影响MNEs母公司采取的战略，进而影响海外子公司的行为等，这些都会对MNEs海外子公司的角色形成产生影响。研究者发现，MNEs母国与东道国在制度、科技上的差异及特点（Gaur et al.，2019），会形成国家特定优势（CSA，Country Specific Advantage），进而影响海外子公司知识资源与合法性资源的获取（Peng and Beamish，2019；Lee et al.，2020；Zhang，2022；Roh et al.，2024），两国间的地理距离又会对战略资产转移产生重要影响（Driffield et al.，2016；Nair et al.，2016；Su et al.，2022）。②行业层面，东道国行业规范、法规的变动会引起海外子公司角色的演变。以制药行业为例，药品认证标准的变动，会影响海外子公司药品研发活动，进而影响药品的试验认证与行业结构的变化等，最终引起海外子公司角色的变动。③企业层面，研究者起初主要探讨MNEs的资源、能力、行业等因素对海外子公司角色的影响，随后则探讨了MNEs母公司的战略导向、国际化动机、母公司支持度/卷入度、总部—子公司关系、子公司自主权、子公司嵌入、子公司意愿/主动性等因素对海外子公司角色演变产生的影响（Asakawa et al.，2018；Beugelsdijk and Jindra，2018；Luo and Tung，2018；Ahsan et al.，2019；Decreton et al.，2019；Dzikowska，2019；Gutierrez - Huerter et al.，2020；Moon et al.，2020；Williams et al.，2020；Magomedova et al.，2022），并分析这些因素对海外子公司

价值创造的影响。这是因为 MNEs 母子公司的动机、能力、资源等是海外子公司角色形成与演变的重要驱动因素，母子公司间关系以及子公司自主权等因素的作用，会使得海外子公司角色呈现动态变化。④个体层面，研究者主要探讨了企业家或高管的能力/意愿/动机、认知风格、文化智力、经验等因素对海外子公司角色产生的影响（Ocasio et al.，2018），基于认知心理学和决策理论等，从微观基础视角，探寻海外子公司角色演变背后的一般性规律。总之，海外子公司角色演变会受多个层次、多种因素的影响，需要研究者进行系统分析，未来研究还需要考虑这些因素间可能存在的相互影响。

第三节　海外子公司角色的相关研究

为厘清海外子公司相关的研究主题，本书收集了 *Academy of Management Journal*、*Academy of Management Review*、*Administrative Science Quarterly*、*Journal of Management*、*Journal of Management Studies*、*Management Science*、*Organization Science*、*Journal of International Business Studies*、*Strategic Management Journal*、*Journal of World Business*、*International Business Review*、*Journal of International Management*、*Management International Review*、*Global Strategy Journal*、*Long Range Planning*、《管理世界》、《南开管理评论》等期刊中有关海外子公司的研究，共获取 714 篇有关海外子公司的研究文献。通过文献梳理，本书发现，海外子公司角色研究主要围绕 6 个主题展开（见图 2.2）。

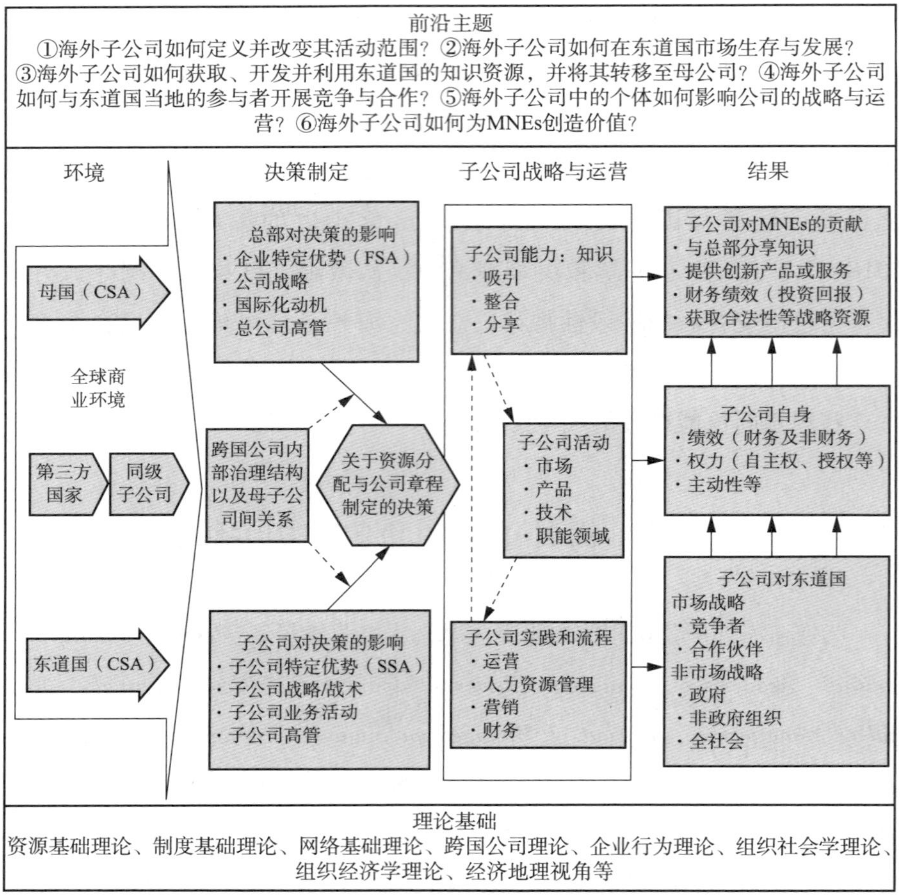

图 2.2　海外子公司角色研究的前沿主题与理论视角

一、海外子公司角色研究的前沿主题

通过文献梳理，本书发现现有研究主要探讨了以下前沿主题：

（1）海外子公司如何定义并改变其活动范围？研究者探讨了海外子公司为何改变其活动范围以及方式，总结了角色演变的路径与模式（Birkinshaw and Hood，1998），后续研究者基于此，探讨了海外子公司角色的演变（Ryan et al.，2018），并总结了在这一过程中，MNEs战略的调整及母子公司资源与能力的动态变动是如何驱动或支撑海外子公司角色演变的；同时，有研究者基于委托代理理论，探讨了 MNEs 总部的决策、授权等对海外子公司的资源获取与活动范围的影响(Lee et al.，2020)；此外，还有研究者基于国际创业视角，分析了海外子公司高层管理者的积极主动性如何改变公司在东道国的活动范围(Decreton et al.，2019；O' Brien et al.，2019；Wei and Nguyen，2020)。

(2)海外子公司如何在东道国市场生存与发展？研究者基于制度理论，探讨了海外子公司如何在东道国市场生存(Peng and Beamish，2019)、如何获取合法性资源(Balogun et al.，2019；魏江等，2020；Trąpczyński et al.，2023；吴波等，2023)、如何克服外来者劣势(Gaur et al.，2011；杜晓君等，2015；Mithani，2017；Cao and Alon，2021；张俊彦等，2024)等主题。

(3)海外子公司如何获取、开发并利用东道国的知识资源，并将其转移至母公司？研究者基于知识基础观，探讨海外子公司的逆向知识转移行为，以及母子公司间关系、子公司的吸收能力、网络嵌入、转移意愿、自主权等因素对知识资源获取与转移的影响(Peltokorpi and Yamao，2017；Kong et al.，2018；冯永春等，2020)。

(4)海外子公司如何与东道国当地的参与者开展竞争与合作？研究者基于外来者劣势视角，探讨了海外子公司在东道国市场采用市场策略或非市场策略与当地参与者开展竞争与合作的情况(Kumar et al.，2012；Zheng et al.，2022)，还探讨了合作中如何建立联盟、如何设置股权架构以及采取何种治理模式等(Gaur and Delios，2015)。

(5)海外子公司中的个体如何影响公司的战略与运营？研究者基于领导者风格、个人或团队特征、高管经验等，探讨了海外子公司中的个体因素如何影响子公司的国际创业、业务边界拓展等活动(Decreton et al.，2019；O'Brien et al.，2019；Lee et al.，2020；衣长军等，2022；Davies et al.，2023)。

(6)海外子公司如何为 MNEs 创造价值？研究者大量探讨了海外子公司的特征及行为对 MNEs 绩效的影响，主要探讨了海外子公司的资源获取、知识转移、能力构建、网络嵌入等行为对母子公司绩效产生的影响（Andersson et al.，2015；Asakawa et al.，2018；宁烨等，2021；Wang et al.，2024）。

总之，研究者不仅探讨了海外子公司角色发挥的价值，还探讨了多种影响海外子公司角色形成及演变的因素，并将海外子公司角色研究不断向微观基础视角拓展，衍生出了许多新的前沿主题，这些前沿主题均与海外子公司角色及其价值创造相关。因此，研究者未来更需要高度关注 EMNEs 海外子公司角色的设计、形成、调整与演变。

二、海外子公司角色的效应机制

通过对相关文献的梳理，本书发现海外子公司产生的效应会对母公司以及所在东道国产生重要影响，并可以在某种程度上影响在他国的海外子公司。本书将从母公司层面、子公司层面和国家层面，探讨海外子公司角色的效应机制。

1. 母公司层面

海外子公司角色对其母公司有重要影响，主要体现在财务绩效、创新能力、合法性资源与公司战略这几方面。①财务绩效。海外子公司可以通过资源获取、知识转移、网络嵌入等举措，提高 MNEs 母公司的财务绩效（Asakawa et al.，2018；Nair et al.，2018）。这是因为许多海外子公司常常会开展逆向知识转移，向母公司转移战略资源。这不仅有助于母公司吸收国外子公司的技术知识，增强产品的竞争优势，扩大国内市场份额，还可以帮助母公司借鉴国外优秀的营销和管理经验，拓展产品的海外销售市场（Driffield et al.，2016；Gutierrez-Huerter et al.，2020）。然而，现有研究对这一作用效果仅停留在理论推演阶段，尚未将母公司的具体财务指标作为因变量来对这一论点进行实证检验，未来研究需要继续跟进。②创新能力。海外子公司的逆向知识转移能够推动企业创新能力的提升（Papanastassiou and Pearce，1996）。一方面，逆向知识转移能够丰富母公司的知识库，直接为 MNEs 创新提供所需的知识资源，从而提升母公司的创新能力

（Yamin and Otto，2004）。另一方面，母公司通过支持子公司的知识搜寻、获取、创造与转移活动，能增强自身的吸收能力（Jimenéz-Jimenéz et al.，2014），快速识别并转移子公司有价值的知识资源（Bouquet and Birkinshaw，2008；Rabbiosi and Santangelo，2013；Zeng et al.，2018），间接提升创新能力。③合法性资源。近期研究者发现，海外子公司在东道国获得合法性资源，能够帮助母公司获得合法性（Zhang et al.，2017；Balogun et al.，2019；Peng and Beamish，2019），克服外来者或者新进入者劣势（魏江等，2020）。④公司战略。研究者很早就发现海外子公司能够影响MNEs战略的制定与实施（Hedlund，1980；Taggart，1998），随着海外子公司职责的不断提升，其战略价值越发重要，许多子公司已经能够影响甚至替代母公司制定企业的国际经营战略（Garcia-Pont et al.，2009；Mäkelä et al.，2012），因此，有研究者也在探讨海外子公司对MNEs战略的影响。

2. *子公司层面*

海外子公司角色不仅对其权力、绩效产生重要影响，还会影响其他海外子公司的权力与绩效。①子公司权力。一方面，海外子公司本身的角色定位会影响其权力、自主权以及公司的积极性；另一方面，海外子公司发挥角色职能（如向母公司提供战略资源或收益利润等），可能获取母公司的信任或注意力，有助于其获得权力（Najafi-Tavani et al.，2014；Hendriks et al.，2023）。然而，研究者及实践者需要知道，向母公司提供战略资源或收益利润是获取权力的必要非充分条件，子公司需要开展内部嵌入，增强母公司的信任，才能获得权力。但过度的嵌入会分散子公司对MNEs整体目标的注意力，导致母子公司、子公司间发生冲突，对其权力的获得产生不利影响（Najafi-Tavani et al.，2015）。因此，如何把握内部嵌入的“度”，这是MNEs管理者关注的重点问题，未来研究可以通过数据检验和统计分析，对此进行深入探讨。②子公司绩效。海外子公司的角色在某种程度上能定义公司绩效，子公司的行为、特征以及职能等会对其绩效产生重要影响，但无法确定具体的影响关系，这是因为海外子公司角色具有多样性，其形成、调整以及发挥效能是极其复杂的活动，需要耗费大量的时间、人力、财力等资源，且子公司绩效的表现形式也存在很大差异。同时，海外子公司还可以影响其他海外子公司的绩效，已经有研究者发现 MNEs 内部的知识转移，尤其是子公司间知识的转移对公司绩效的提升尤为重要（Claver－Cortés et al.，2018；De Beule and Beveren，2019；Faems et al.，2020）。因此，未来研究需要细致分析海外子公司对自身绩效的影响机制。

3. 国家层面

海外子公司角色还会对其所在东道国以及 MNEs 母国产生重要影响。研究者发现，海外子公司在东道国的竞争行为以及战略资源获取及转移行为，会影响到东道国的制度、行业规则等（Valentino et al.，2019）。因为许多海外子公司采取的市场战略与非市场战略（Liu and Meyer，2019），能够影响东道国当地政府、非政府组织（Isaac et al.，2019；Balogun et al.，2019；Moschieri et al.，2024），这会引发或推动当地的制度建设或行业规则制定等。同时，研究者也发现，许多海外子公司具有很强的溢出效应（Tarraço et al.，2019），不仅能够影响东道国，还能影响 MNEs 母国的特定优势构建与制度建设。这是因为许多海外子公司在东道国获取的资源能力，能够转移到母国，带动母国企业的成长发展，其海外行为也会通过影响东道国传导至母国，从而倒逼母国进行制度建设与特定优势构建（Meyer，2019）。此外，在传播学研究中，学者们发现许多 MNEs 的海外子公司不仅能够影响母公司，还能够影响母国的海外形象以及国际化政策（Yang and Deng，2017）。尽管海外子公司是 MNEs 的海外分支机构，但在某种程度上却代表了国家，通过传导机制，可以对东道国与母国的制度等产生影响，这值得研究者深入探究。

第四节　文献评述

通过回顾并梳理海外子公司角色研究，本书发现海外子公司研究已经取得了重要的进展，并形成了主导性的理论流派和研究逻辑，逐步迈入理论创新的黄金时期。尽管海外子公司角色研究取得了一些重要进展，但仍需要深入挖掘海外子公司战略角色形成与演变的规律与作用，以推动海外子公司研究的深入开展。

一、已有研究取得的重要进展

通过理论回顾与国内外研究进展分析可知，海外子公司角色研究已经在以下四个方面取得了重要进展，为未来研究奠定了重要基础。

（1）识别并划分海外子公司的类型，总结并提炼海外子公司角色所应具备的属性要素。尽管早期研究者提出了海外子公司的多种类别，认为其发挥着不同的角色与功能，但研究者逐渐发现并达成共识：海外子公司角色的内核是其活动与职责，是为 MNEs 创造并获取价值。此后，研究者开始探讨 MNEs 设置海外子公司的动机，分析海外子公司的整合—响应能力、授权程度、知识贡献程度等，并根据这些要素将其划分为不同类型，并探讨每种类型的海外子公司如何才能获取资源、能力以及为 MNEs 做出贡献等。

（2）总结提炼了多个层面的多种因素，分析这些因素对海外子公司角色形成的影响。通过文献述评我们发现，研究者从环境、公司和个体等层面分析影响海外子公司角色形成的因素，将其归纳为母公司（或总部）安排观、子公司选择观和东道国环境决定观，重点研究了影响海外子公司角色形成的环境因素，以及母子公司所具有的资源与能力等（Birkinshaw and Hood，1998）。同时，研究者还探讨了海外子公司发挥角色作用时，应该构建或嵌入的网络以及嵌入方式等问题（Andersson et al.，2015）。

（3）总结出多种理论视角下海外子公司角色的演变。基于交易成本理论、认知与行为理论、资源依赖理论、决策理论、贸易理论等，研究者提出了海外子公司在 MNEs 网络内的角色以及在东道国的角色等观点，并认为从不同理论视角可分析判断海外子公司的角色及其与 MNEs 母公司或总部间的关系。在此基础上，研究者开展了大量理论构建性研究（Davis and Meyer，2004），为海外子公司角色演变的实证研究奠定了坚实的基础。尽管海外子公司角色演变研究是重要的研究主题，但对 EMNEs 海外子公司角色的研究相对匮乏，需要深入开展系统性研究(Ryan et al. , 2018)。

(4)总结出海外子公司的价值创造与价值获取及多种效应机制。海外子公司的价值创造与价值获取一直是研究者关注的热点问题。研究者基于资源基础观、制度基础观、组织理论、公司治理理论等多种理论视角，探讨海外子公司对 MNEs 的影响，包括知识资源获取、绩效创新、财务绩效、合法性资源获得等方面。在这个过程中，一些研究者采用案例研究或质性研究的方法，探讨海外子公司发挥的角色职能，如何帮助母公司获取合法性资源(Balogun et al. , 2019; Peng and Beamish, 2019)，以克服外来者或新进入者劣势(魏江等，2020)。

二、已有研究存在的局限与不足

通过分析与回顾，本书发现以下亟待解决的问题：

(1)EMNEs 海外子公司战略角色是如何设计形成并动态调整的?

作为新兴主题，海外子公司战略角色研究逐渐进入理论检验与创新的黄金时期，但对 EMNEs 海外子公司战略角色的形成与调整的研究却十分匮乏，研究者尚不清楚子公司战略角色形成与调整的演进路径与发展模式。与 DMNEs 相比，EMNEs 海外子公司战略角色形成与调整是一个更为动态复杂，涉及多个层面、多种因素的过程，且海外子公司有多种类型，更需要研究者从动态、系统的视角加以分析，从而发现其中的关键驱动因素以及演进规律。因此，研究者需要聚焦于 EMNEs 海外子公司战略角色，剖析其设计形成与调整演变的全过程，以识别其中的动态演进路径、发展模式与关键驱动因素，揭示演进规律。

(2)管理者认知如何驱动 EMNEs 海外子公司战略角色的形成与动态调整?

研究者倾向于寻找海外子公司战略角色形成与调整的一般性规律，这就要求学者们从微观基础视角出发(Gutierrez-Huerter et al. , 2020)，探寻 EMNEs 海外子公司战略角色形成与调整的机理，尤其需要关注 EMNEs 母子公司管理者的认知能力、洞察力、战略与组织能力等因素所发挥的作用。研究者需要揭示 EMNEs 所处环境，已有资源、能力和高管等因素是如何驱动或阻碍海外子公司战略角色的形成与调整的，以揭示其与 DMNEs 的共性与差异，并从中提炼管理模式、创新管理理论。

(3)新技术如何加速 EMNEs 海外子公司战略角色的形成与动态调整?

随着数字化、智能化等新技术的发展与应用，许多 EMNEs 开展数字化与智能化转型，还涌现出一些天生数字化、天生全球化类的 EMNEs。这不仅促使企业国际化进程加快与国际化程度不断提升，也使得其海外子公司战略角色形成与调整的进程不断加速，其中的新机理值得研究者深入探究。研究者需要探寻在数字环境下，EMNEs 海外子公司战略角色形成、调整进程加速的新机理，从而揭示海外子公司战略角色动态演变的新形态。

(4)EMNEs 海外子公司战略角色的形成与动态调整如何影响企业的价值创造与获取?

对于 EMNEs 而言，海外子公司战略角色的形成与调整本身就意味着企业的成长与发展，既涵盖从无到有的设计过程，也包含企业成长过程中战略角色的调整或变化，以 EMNEs 海外子公司为研究对象，更有助于探索新时期以价值创造为导向的管理理论和思维创新。需要进一步探析 EMNEs 海外子公司战略角色形成与调整，如何能够帮助其创造并获取更高价值，探寻 EMNEs 海外子公司战略角色形成与调整的价值创造与获取机制，从而揭示海外子公司战略角色的影响效应。

第三章

中国跨国企业海外子公司角色形成及演变机制研究

海外子公司角色的调整和演变是中国跨国企业规避国际化风险、构建持续竞争优势的关键，但现有研究对海外子公司角色如何演变缺乏充分的理论解释。知识资源是跨国企业获取战略优势、提升核心能力并推动海外子公司角色不断动态调整与升级的关键要素，有助于破解现有研究中对角色演变过程机制缺乏深入理解的困境。因此，本章将基于知识资源助推视角，选取天士力国际公司及其海外子公司作为案例分析对象，深入剖析中国跨国企业海外子公司角色演变的过程和机制。研究发现：第一，中国跨国企业在新兴市场设立的海外子公司可以通过渐进式演变机制，即基于知识获取和知识应用，遵循“执行者—贡献者—战略领导者”的演变路径，实现角色演变；中国跨国企业在发达市场设立的海外子公司可以通过跃升式演变机制，即基于知识创造，遵循“执行者—战略领导者”的演变路径，实现角色演变。第二，海外子公司、母公司和东道国层面的因素共同奠定中国跨国企业海外子公司不同角色的形成基础，海外子公司知识资源的获取、创造和应用助推其角色演变。本章最终形成的理论框架，有助于打开知识资源如何助推海外子公司角色演变的“黑箱”，弥补了现有研究对海外子公司角色演变过程和机制探讨不足所造成的研究缺口，为中国跨国企业积极应对国际化风险与挑战提供实践层面的指导。

第一节　海外子公司角色形成及演变的相关研究

一、海外子公司角色研究的核心和热点

在国际商务领域，海外子公司角色研究一直是学术研究的核心和热点。现有文献主要基于产品和市场范围、一体化和本地化战略、知识和能

力以及母公司授权四种视角，研究海外子公司角色的划分依据和决定因素。具体而言：产品和市场范围视角认为，东道国的产品、市场和增值范围决定了海外子公司发挥的作用（Liu and Li，2022）；一体化与本地化战略视角认为，海外子公司面临来自母公司和东道国的双重压力（Manolopoulos，2008），对于一体化和本地化战略的选择会影响子公司角色的形成；知识和能力视角认为，子公司具备的独特能力和知识以及跨国公司内部的知识流动模式造成了子公司角色的差异（Bartlett and Ghoshal，1986）；母公司授权视角认为，海外子公司的角色取决于母公司对子公司的授权程度（Geleilate et al.，2020）。

尽管已有研究主要聚焦于对海外子公司角色类别进行探讨（郝瑾等，2017），但随着国际化程度的加深，跨国公司在全球价值链中的布局愈加复杂，海外子公司不再是单一固定的功能性单元，而是能够根据环境变化调整自身战略定位的动态角色载体，研究者们逐渐意识到，海外子公司角色不仅具有多样性，还会随着时间、内外部环境以及母公司战略调整而呈现出一定的规律性演变。因此，相关研究重心从海外子公司角色类型的静态探讨延伸至对其角色演变的动态分析，并从驱动因素和作用效果两个方面展开探索。驱动因素方面，研究者们从国家、行业、企业和个体多个层面展开研究：在国家层面，母国和东道国的制度、经济、文化等因素，会影响母公司战略决策的制定以及海外子公司知识资源和合法性的获取（刘娟、杨勃，2021），进而影响子公司角色演变；在行业层面，东道国行业规范和相关法规的变动会影响海外子公司的生产和研发活动，进而引起子公司角色的演变（Cavanagh and Freeman，2012）；在企业层面，母子公司的动机、能力和资源会导致子公司在不同阶段的角色呈现出差异化特征（Luo and Tung，2007）；在个体层面，管理者的认知风格、国际化经验等，会对子公司角色演变产生重要影响（Ocasio et al.，2018）。作用效果方面，研究者们认为，海外子公司角色的演变一方面会影响子公司的资源获取、知识转移和网络嵌入等战略行为（Chen，2022），进而影响母公司的财务绩效和创新能力；另一方面会激发子公司在东道国经营的积极性和主动性，进而影响子公司的权力和绩效（Lee，2022）。此外，海外子公司角色演变引发的战略资源获取和知识溢出等行为，也会影响东道国制度和行业规则以及母国的特定优势。

综上所述，随着海外子公司角色研究的热度不断上升，大量研究集中于探讨角色类型以及角色演变的驱动因素和作用效果。然而，对于海外子公司如何具体实现角色的动态演变，现有研究缺乏足够的关注（Raziq et al.，2019）。许多研究从静态视角出发，认为子公司角色是由东道国、母公司或子公司单独决定的（Wu et al.，2021）。实际上，东道国的制度与市场环境、母公司的战略定位以及子公司的自身能力是共同影响角色形成的关键因素。在国际化过程中，海外子公司需要通过动态调整并不断演化其角色，更好地实现其价值最大化（Gillmore，2022）。尤其对新兴市场跨国企业而言，持续的角色调整与迭代是应对复杂国际市场环境和挑战的关键，能够激发子公司在国际市场中的积极性和创造性，并提升其在全球竞争中的实力。然而，现有研究多以发达市场跨国公司为研究对象，聚焦于探讨海外子公司角色演变的驱动因素和作用效果，缺乏对以中国跨国企业为代表的EMNEs海外子公司角色演变的清晰理解和认识，未能深入剖析此类海外子公司角色演变的过程和内在机制。

二、知识资源在海外子公司角色形成和演变过程中的助推作用

知识资源是跨国企业的核心资源，跨国企业在海外市场开展的知识资源创造、开发和获取等关键行为决定了其国际扩张的效果和效率。对于EMNEs而言，海外知识资源的获取、应用和创造是其弥补知识空缺、突破资源束缚和打破发展瓶颈的关键。与DMNEs相比，EMNEs在海外成立子公司，开展收购、合资或建立研发机构等，具有明显的知识搜寻倾向（冯永春等，2020），其主要目的就是获取战略性的知识资源。东道国的知识资源是EMNEs海外子公司获取持续竞争优势的重要来源（Huang and Li，2019）。研究者发现，海外子公司积累的知识资源在一定程度上决定了其

在跨国企业内部发挥的战略作用（Luo and Tung，2007），能够助推其角色演变。知识资源是企业重要的无形资产，是构建可持续竞争优势的重要保障（Mcevily and Chakravarthy，2002）。一方面，海外子公司能够根据自身知识资源储备与外部环境的匹配度来不断调整知识资源管理方式，进而提高知识获取、创造和利用效率，提升其在母公司和东道国市场的地位，推动自身角色的演变（Huang and Li，2019）；另一方面，充足的知识资源既能够为海外子公司的成长和发展提供支撑，又有助于提高海外子公司在当地市场开展经营和创新活动的积极性和主动性，进而促进企业能力大幅提升，推动其快速实现角色演变（郝瑾等，2017）。因此，知识资源是探明中国跨国企业海外子公司角色如何演变的重要突破口。

现有文献对于知识资源与海外子公司角色之间关系的研究主要聚焦于两个方面：一方面，知识资源的积累是海外子公司角色形成和演变的先决条件。这种观点强调，海外子公司必须在东道国获取战略性的知识资源，以此来摆脱对母公司的资源依赖，积累角色演变所需的资源和能力，实现独立自主的成长与发展。另一方面，知识资源的增加是海外子公司角色演变的必然结果。这种观点认为，角色演变能够增强子公司在东道国获取知识资源的动力（Decreton et al.，2019），当子公司从较低层级的角色演变升级为较高层级的角色后，会基于自身的角色职责和母公司的知识寻求动机，积极主动地获取和创造知识资源（Ju et al.，2023）。尽管现有文献对知识资源和海外子公司角色演变之间的关系进行了有益探讨，但尚未厘清二者之间的内在联系。本书认为，对于中国跨国企业等 EMNEs 而言，知识资源在海外子公司角色演变过程中起到了重要的助推作用。

首先，EMNEs 海外子公司积累的知识资源除了在子公司内部进行流转，更需要与母公司和其他子公司的知识资源进行动态交互（Rios-Ballesteros and Fuerst，2021）。海外子公司知识存量的多少在一定程度上决定了其对 EMNEs 的价值和贡献。海外子公司开展的知识资源获取、创造和应用等活动，能够加快其将外部知识转化成自身知识储备的进程，有助于迅速增加知识存量，提高其对于母公司的战略重要性，进而驱动母公司制定和调整国际化战略，推动其角色的快速迭代和演变(Chatterjee et al., 2021)。其次，面对激烈的国际竞争和动荡的市场环境，海外子公司需要不断调整经营策略，变更自身角色，以适应国际环境的快速变化(Zhao et al., 2022)。知识资源是 EMNEs 在东道国市场的重要寻求目标(Luo and Tung, 2007)。为了提高在东道国市场中获取和创造知识资源的能力，海外子公司需要将更多资源和精力投入东道国经营当中。通过不断优化和升级在东道国的经营战略，海外子公司能够快速获取东道国市场认可，提高在当地市场的战略地位，进而推动角色演变(Borini et al., 2021)。最后，知识资源的储备和积累能够为海外子公司的成长和发展提供支撑，充分激发其在东道国市场经营和创新的积极性和主动性，促进其核心能力的提升，进而加速其角色转变(郝瑾等，2017)。

因此，基于知识资源对海外子公司角色演变的助推作用，深入剖析 EMNEs 海外子公司角色如何演变，能够将海外子公司角色演变过程与中国跨国企业设立海外子公司的动机和目的进行有机结合，进而从本质上揭示海外子公司角色演变的内在机制。

第二节　海外子公司角色形成及演变研究的案例介绍与分析

本章旨在探讨“中国跨国企业海外子公司角色如何演变?”这一核心问题，强调对过程性以及“如何”等议题的深度挖掘(Yin, 2018)，整体上呈现为对海外子公司角色动态演化过程的细致研究。这种研究更适合采用单案例研究方法，深入剖析现象背后的因果逻辑(Gioia et al., 2013)。因此，本章采用嵌入式单案例研究设计，选择同一跨国企业在不同市场设立的两家海外子公司进行分析，重点考察不同海外子公司角色的演变过程，以系统剖析研究问题背后蕴含的内在规律。在此基础上，对两个子案例进行对比分析，以探明角色演变过程的共性和差异。海外子公司角色的形成和演变受母公司、子公司和东道国多个主体的影响（Meyer et al.，2020），将研究对象聚焦于同一跨国公司能够在一定程度上控制无关变量的影响，有利于深入剖析海外子公司角色演变的过程和机制。

一、案例介绍

1. 案例选择

本章旨在探讨中国跨国企业海外子公司角色如何演变。考虑到新兴市场和发达市场在发展基础和发达程度等方面存在的差异会导致子公司角色演变过程不同，本章遵循“理论抽样”原则（Eisenhardt and Graebner，2007），选取天士力及其南非子公司和日本子公司作为案例分析对象。主要原因如下：①典型性。天士力致力于在世界范围内推广中医药产品，已在全球18个国家建立子公司，营销网络覆盖40多个国家和地区，是中国跨国企业的典型代表。天士力通过现代中药、生物制药、化学药、健康食品和保健品等多种产品全方位开辟国际市场，持续加速国际化进程，将天士力打造为国际知名品牌。因此，对天士力海外子公司角色如何演变的探讨具有极强的典型性。②启发性。南非子公司是天士力在新兴市场设立的第一家子公司，其在成长和发展过程中面临知识资源匮乏、制度和市场不完善等多方面挑战，亟须开展一系列知识管理活动来获取母公司和东道国的认可，提高自身的战略地位，推动角色的演变；日本子公司是天士力在发达市场设立的第一家子公司，其在日本市场面临来源国、新来者等多重劣势，且在国内积累的知识和经验很难应用于当地市场，亟须创造并积累大量战略性知识资源来推动自身角色的升级，实现快速成长和发展。天士力南非子公司和日本子公司在东道国属性、知识管理行为、角色演变过程和路径等多方面存在显著差异，对于其角色演变过程和机制的探讨具有较强的理论构建空间与价值，有助于启发其他中国跨国企业对不同类型的海外子公司角色进行动态调整。

2. 案例企业简介

天士力前身为天津天士力进出口贸易有限公司，成立于1994年，成立初期主要负责产品的进出口业务。1999 年，科技部等部委确立了“中药现代化”和“中药更广泛地走向世界”的战略目标，将“中药科技产业”作为切入点，全面推动中药产业的发展。天士力充分利用这一契机，积极开展国际市场扩张。2001 年，天士力主打产品复方丹参滴丸先后在越南、俄罗斯和韩国等 16 个国家和地区获得药品注册批文，天士力正式提出“国内市场横到边、纵到底，国际市场全面启动”的战略目标，全面打开国际市场。

南非子公司是天士力在新兴市场设立的第一家子公司，实现了从“将产品送出海关”到“将产品送到海外消费者手中”的关键国际化转折。南非子公司自成立以来积极拓展南非市场，开展本地化营销，成为当地政府首家中药供应商。其中，复方丹参滴丸等多种产品获得南非市场增强免疫力计划指标青睐，并作为政府采购中药产品被纳入南非医保。随着对南非市场的进一步开拓和发展，南非子公司向多个海外市场输出管理和技术人才，帮助天士力在加纳、肯尼亚和尼日利亚等多个非洲国家设立子公司，成为天士力海外人才培养基地和非洲市场“桥头堡”，引领非洲市场的战略发展。

日本子公司是天士力在发达市场设立的第一家子公司。彼时，中国企业在日本市场遭遇“品牌和形象危机”，天士力通过本地化生产和研发等多种方式成功进入日本市场，打通当地市场和渠道，树立了正面的企业形象，赢得了日本市场的高度认可。随着销售业绩的不断提高，日本子公司将 TCM 诊疗法引入日本市场，并以帝泊洱茶吧开启健康产业模式，搭建大健康产业平台，以平台的模式在日本市场运营并逐渐向其他亚洲和欧洲市场延伸和拓展，成为亚洲和欧洲市场重要的知识来源。

南非子公司和日本子公司的代表性特征如表 3.1 所示。

表 3.1 样本子公司的代表性特征描述

异同	维度	样本子公司	
		南非子公司	日本子公司
共性	产品类型	以复方丹参滴丸、护心丹和复方丹参口服液等中药产品为主	
	运营模式	主要通过本地化营销、生产或研发等活动开展本地化运营	

续表

异同	维度	样本子公司	
		南非子公司	日本子公司
差异	属性	在新兴市场设立的第一家海外子公司	在发达市场设立的第一家海外子公司
	客户类型	以政府客户为主，是南非政府首家中药供应商，多款产品纳入南非医保	以个体消费者客户为主，通过消费者口口相传，提升品牌影响力
	发展速度	相对较慢，新兴市场运营难度较大	相对较快，发达市场发展基础较好
	结果	成为国际市场人才培养基地和非洲市场的“桥头堡”，引领非洲市场战略发展	成为亚洲和欧洲市场的重要“知识源”，建立大健康平台，运作健康产业模式

3. 案例数据收集

本章遵循“三角验证”原则，采取多种数据收集方法获取多来源数据，以提高理论模型的可靠性和饱和度（Yin，2018）。其中，一手数据的来源主要包括：①半结构化访谈。分为三个阶段：第一阶段为 2019 年 4 月和 9 月，当时正值海外子公司管理者回总部述职和轮训，本书研究团队到天士力进行多天的实地调研，对海外子公司市场、财务和研发等部门的管理者进行深度半结构化访谈，深入了解天士力海外子公司的国际创业历程。同时，通过电话和电子邮件等方式对海外员工进行线上访谈，从员工视角增强对海外子公司的了解。第二阶段为 2020 年 3 月到 2021 年 3 月，通过对第一阶段天士力的大量访谈录音和文字资料进行反复复盘，发现天士力海外子公司的角色演变过程具有极强的典型性、启发性和趣味性，本书研究团队将研究主题定为海外子公司角色演变。在天士力总经理的帮助下，多次通过线下拜访、线上访谈方式对第一阶段的受访者以及南非和日本子公司在成立和发展期间的管理者与员工（有些已离职或调岗，但均与天士力高管保持联系）进行访谈，深刻了解并挖掘与海外子公司角色演变过程相关的信息。第三阶段为 2021 年 10 月，在形成初步概念框架后，研究团队再次对关键受访者进行回访，以确认核心构念和主要观点。将历史数据和实时数据相结合能够有效避免回溯性解释、印象管理等问题。②非参与式观察。在天士力总经理的帮助下，本书研究团队多次到天士力总部参观，建立了对企业发展历程、核心业务和组织结构的整体认知。二手数据的来源主要包括：内部资料，包括母子公司高管的讲话记录、企业会议记录、档案资料以及《天士力国际十年员工访谈录》等供内部使用的书籍刊物等；外部资料，包括企业公众号、微博、官网等官方媒体和搜狐网、腾讯新闻等权威媒体的相关报告和评论，以及行业研究报告、集团年报、高管学位论文、知网相关文献以及外部宣传资料等。案例企业数据资料信息与编码如表 3. 2 所示。

表 3. 2 案例企业数据资料信息与编码

数据	受访者/资料来源	获取内容	时间/数量	编码
一手数据	天士力总经理	子公司发展状况和东道国环境等	258 分钟	F1
	南非总经理	南非子公司的创业过程、子公司战略调整和绩效等	277 分钟	F2
	南非财务经理	南非子公司的财务状况、财务制度和东道国的要求等	81 分钟	F3
	南非市场经理	南非市场的开拓过程、市场状况和战略举措等	136 分钟	F4
	南非培训经理	当地员工的融入过程、对员工的培训重点等	53 分钟	F5
	南非员工×4	子公司发展过程、个人成长以及公司战略绩效等	282 分钟	F6
	日本总经理	日本子公司的创业过程、市场环境以及相应的战略举措等	291 分钟	F7
	日本财务经理	日本子公司的财务状况、绩效以及财务制度和标准等	74 分钟	F8
	日本市场经理	日本市场的开拓过程、市场状况和战略举措等	165 分钟	F9

续表

数据	受访者/资料来源	获取内容	时间/数量	编码
一手数据	日本研发经理	产品在日本的本地化研发和生产过程等	75 分钟	F10
	日本员工×3	子公司发展过程、个人成长以及公司战略绩效等	154 分钟	F11
	其他子公司管理者	对南非子公司和日本子公司的了解和对其角色变化的看法等	349 分钟	F12
	非参与式观察	企业发展历程、核心业务和组织结构等	4 次	F13
二手数据	内部资料	企业海外扩张过程、市场战略以及阶段目标等	97 份	S1
	外部资料	国际化的具体战略和举措、国际化过程中的关键事件、中医药行业发展状况等	163 份	S2

注：除天士力总经理外，半结构化访谈中受访者的职位为相应子公司成立和发展期间的职位。由于海外子公司管理层均为外派人员，在海外子公司任职时间较长，受访者均参与了相应子公司从创立到引领区域战略发展的全过程。

4. 相关构念测度

首先进行单案例分析，分析每个海外子公司如何实现角色演变，识别出不同海外子公司角色的形成基础和演变机制，并进一步通过对比和复制逻辑构建中国跨国企业海外子公司角色演变机制模型。本书研究团队通过交叉检验的方式深入理解相关构念，并借助图表形象化展示数据和构念之间的关系，最终通过结构化数据分析，挖掘出其中的逻辑关系，并通过多次反复迭代优化，使理论趋于饱和。相关构念的测度和解释如表 3.3 所示。

表 3.3　相关构念测度及解释

构念	测度	解释
海外子公司角色	执行者	资源能力水平以及对母公司和东道国重要性均较低的海外子公司
	贡献者	资源能力水平较高，但对母公司和东道国重要性较低的海外子公司
	战略领导者	资源能力水平以及对母公司和东道国重要性均较高的海外子公司

续表

构念	测度	解释
知识管理行为	知识获取	企业通过从外部识别和吸收相关知识来弥补自身资源空缺的过程
	知识应用	企业利用知识为自身创造价值的过程
	知识创造	企业通过对内外部知识进行协同整合和创新来产生新知识的过程

注：相关构念及测度根据 Bartlett 和 Ghoshal（1986）、Valio 和 Fernando（2014）、Zhang 等（2010）等研究整理而得。

5. 案例数据分析

考虑到南非子公司和日本子公司在角色演变过程中的典型性和差异性，三名具有丰富编码经验的本书研究团队成员（以下简称团队成员）分别对两个案例单元进行“背对背”编码。在编码之前，团队成员先对两个子公司发展历程的关键里程碑事件进行梳理。然后根据 Gioia 等（2013）的结构化数据分析方法对每个子公司进行三级编码。首先，以忠于受访者语言为原则，根据原始资料构造一阶概念。其次，以一阶概念为基础，将原始数据、涌现出的主题和文献进行反复迭代，创建具有理论基础的二阶主题。最后，分别就两个案例单元的一阶概念和二阶主题进行迭代和核对，进一步归纳为新的聚合构念。在这一过程中，数据收集、数据分析和文献分析同步开展。三名团队成员采用“三角验证”方式，对案例企业数据、关键构念和现有理论之间的关系进行反复迭代，使海外子公司角色演变机制模型得以自然涌现。此外，本书所选取的海外子公司在东道国属性、角色演变过程及其核心构念等方面均存在较大差异，最终构建的理论框架能够涵盖中国跨国企业海外子公司角色演变的主要路径和机制，即便再增加新的海外子公司，也不会脱离现有的理论框架，这证明理论已经达到饱和状态。通过数据分析，最终发现两个案例单元的二阶主题均可以归入“角色形成基础”和“知识获取、应用和创造”对应的构念。本章的数据分析结构如图 3.1 所示。

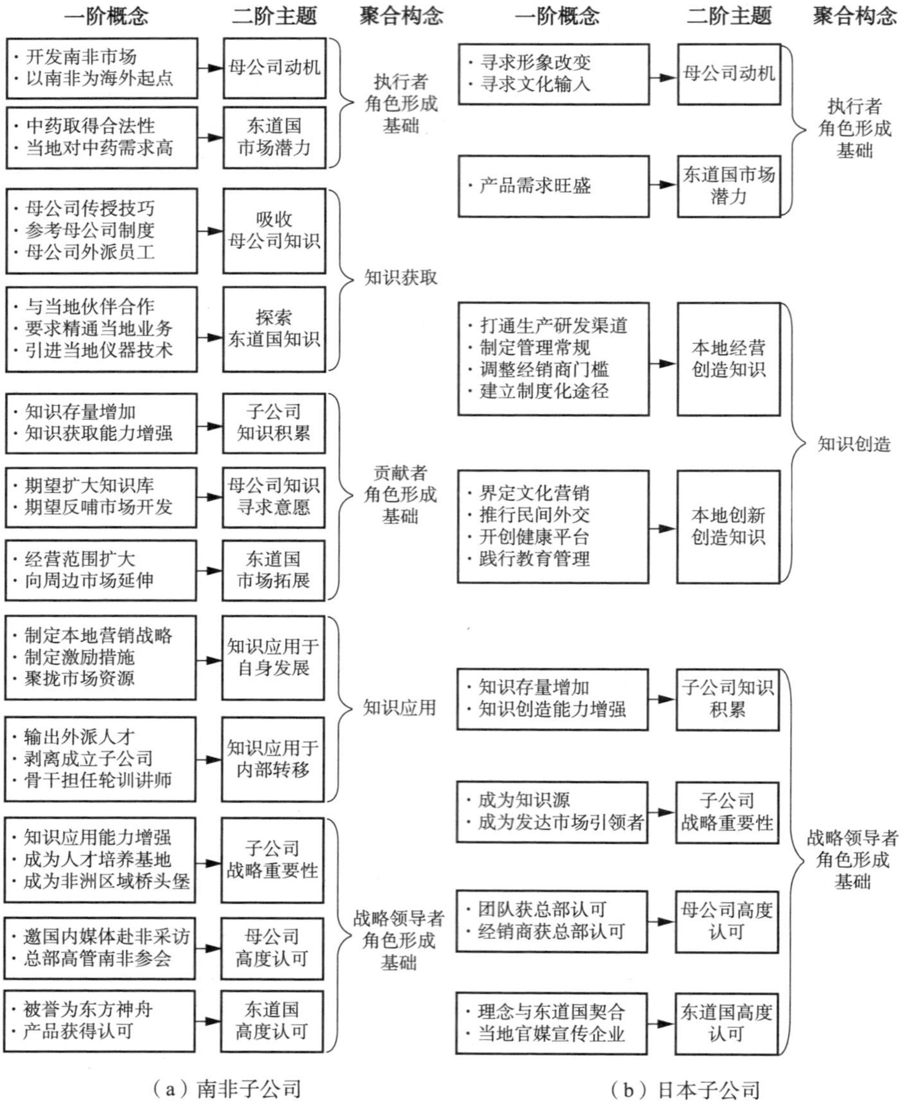
一阶概念
二阶主题
聚合构念
· 开发南非市场
· 以南非为海外起点
母公司动机
· 中药取得合法性
· 当地对中药需求高
东道国市场潜力
执行者角色形成基础
· 母公司传授技巧
· 参考母公司制度
· 母公司外派员工
吸收母公司知识
· 与当地伙伴合作
· 要求精通当地业务
· 引进当地仪器技术
探索东道国知识
知识获取
· 知识存量增加
· 知识获取能力增强
子公司知识积累
· 期望扩大知识库
· 期望反哺市场开发
母公司知识寻求意愿
· 经营范围扩大
· 向周边市场延伸
东道国市场拓展
贡献者角色形成基础
· 制定本地营销战略
· 制定激励措施
· 聚拢市场资源
知识应用于自身发展
· 输出外派人才
· 剥离成立子公司
· 骨干担任轮训讲师
知识应用于内部转移
知识应用
· 知识应用能力增强
· 成为人才培养基地
· 成为非洲区域桥头堡
子公司战略重要性
· 邀国内媒体赴非采访
· 总部高管南非参会
母公司高度认可
· 被誉为东方神舟
· 产品获得认可
东道国高度认可
战略领导者角色形成基础
（a）南非子公司
一阶概念
二阶主题
聚合构念
· 寻求形象改变
· 寻求文化输入
母公司动机
· 产品需求旺盛
东道国市场潜力
执行者角色形成基础
· 打通生产研发渠道
· 制定管理常规
· 调整经销商门槛
· 建立制度化途径
本地经营创造知识
· 界定文化营销
· 推行民间外交
· 开创健康平台
· 践行教育管理
本地创新创造知识
知识创造
· 知识存量增加
· 知识创造能力增强
子公司知识积累
· 成为知识源
· 成为发达市场引领者
子公司战略重要性
· 团队获总部认可
· 经销商获总部认可
母公司高度认可
· 理念与东道国契合
· 当地官媒宣传企业
东道国高度认可
战略领导者角色形成基础
（b）日本子公司

图 3.1　数据分析结构

二、案例分析

1. 南非子公司角色演变过程：渐进式演变机制

南非子公司作为天士力在新兴市场设立的第一家子公司，主要基于知识获取和知识应用，通过渐进式演变机制从“执行者”逐渐演变为“战略领导者”。具体而言，成立初期，南非子公司被设定为“执行者”角色，自身知识薄弱、能力基础差，加上东道国市场相对不完善和制度环境不健全，需要从母公司和东道国处积极获取知识，以扩大其知识存量，提高知识获取能力。随着知识资源的积累，母公司的知识寻求意愿增强，同时南非子公司的市场范围不断扩大。此时，在母子公司和东道国的共同作用下，南非子公司在当地市场和跨国公司内部充分发挥作用，角色由“执行者”演变为“贡献者”。作为“贡献者”，南非子公司一方面将获取的知识应用于自身的经营和发展，不断提升销售业绩和运营能力；另一方面在跨国公司内部进行知识转移，提升其在跨国公司中的重要性。在此基础上，母公司和南非市场对子公司的认可度不断提升。在母子公司和东道国的共同作用下，南非子公司逐渐引领天士力在非洲市场的战略发展，帮助天士力持续向非洲其他区域扩张，不仅为其他子公司制定发展战略和方向，还提供知识、人才等核心资源支撑，从“贡献者”转变为“战略领导者”（如图 3.2 所示）。

（1）初始“执行者”角色设定。南非子公司成立初期，天士力迫切希望以南非这个新兴市场为起点，迅速打开海外市场。同时，基于中医药在南非市场的合法性地位以及南非特殊的气候环境和经济发展条件，当地市场对中药产品的需求较高。因此，母公司动机和东道国市场潜力构成了初始“执行者”角色的形成基础。其中，母公司动机促使南非子公司以当地市场需求为导向开展运营，而东道国市场潜力在一定程度上激发了南非子公司开拓当地市场的积极性和主动性。

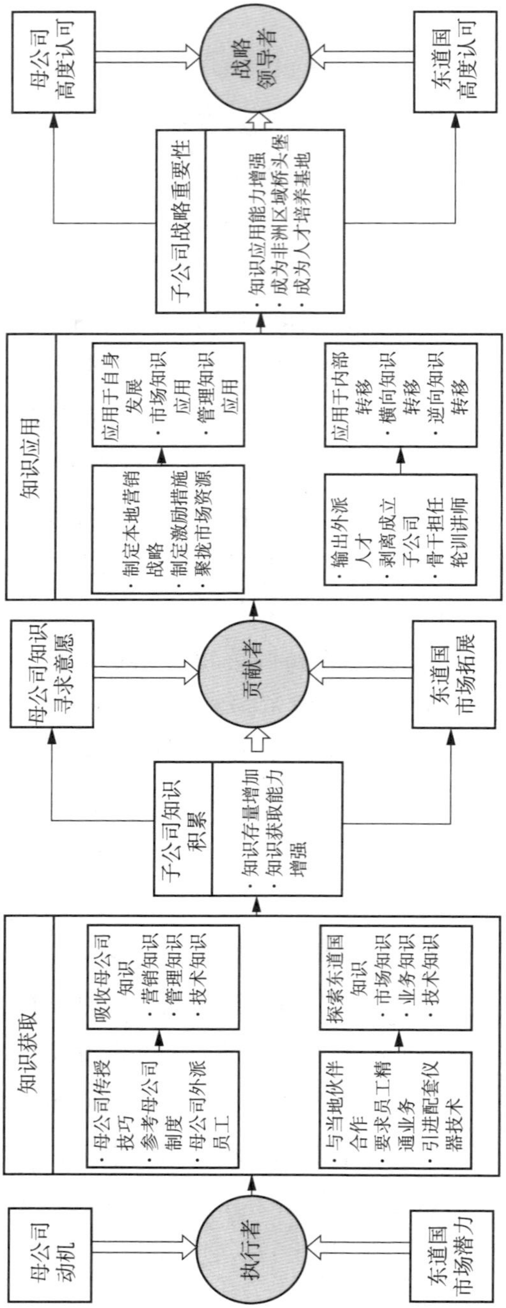

图3.2　南非子公司角色演变模型

资料来源：笔者整理。

母公司动机。2001年，天士力主打产品复方丹参滴丸在越南、俄罗斯等多个国家获得产品注册批文，天士力正式提出“全面启动国际市场”的战略目标。通过多次实地考察，戴总经理发现南非的经济环境和社会环境与国内市场有相似之处，市场条件符合天士力最初提出的“先于发展中国家探索，积累经验再取发达国家”的基本方向。在南非建立子公司，能够迅速占领当地市场，开启国际化进程。于是，天士力做出以南非市场为国际化起点，实现快速国际扩张的战略决策。为了顺利打开南非市场，天士力有针对性地扩大产品种类，除了复方丹参滴丸，还开发了七款蜂系列产品，并根据南非市场的消费习惯和偏好，在产品包装和各类文宣品方面做出调整。

东道国市场潜力。作为非洲经济的“领头羊”，南非拥有较为完善的基础设施以及法律、金融体系。2001年，南非政府通过《联合健康法案》，针对包括中医针灸在内的10种非西医治疗服务进行立法，将中草药统一列入补充药品范畴，确立了中医药在南非市场的合法地位。此外，南非消费者长期有使用中药的传统，对中医药产品的接受度较高，经常将中医药作为补充医疗方式用于初步治疗，对中药产品的需求量较大。正如受访者所说：“南非人民都相信，万物源于自然，这与中药中讲的‘天人合一’是相通的，他们自然容易接受我们的产品（F4）。”

（2）从“执行者”到“贡献者”角色演变过程。南非子公司成立初期，基于“执行者”的初始角色，主要通过吸收母公司知识和探索东道国知识两种方式，从母公司和东道国处获取经营所需的知识资源，增加知识存量，提升知识获取能力。

吸收母公司知识。最初开发南非市场时，戴总经理带领总部市场团队，陪同南非员工在各大药店门口为消费者做免费检测。戴总经理是医学专业出身，做检测时，他从医学的专业角度向当地员工传授如何向消费者讲解护心丹开窍活血、复阳通脉等功效。同时，总部市场团队基于国内市场开发经验，向南非员工讲解如何定位目标市场和受众，以及采用何种营销方式提高产品接受度等。在管理方面，南非子公司将母公司内部通用的业务流程和管理规定直接译成英文，供员工学习，通过吸收母公司在制度和流程规定方面的管理知识来提升管理效率。但由于缺乏财务知识和经验，南非子公司的财务账目一直没有建立起来。直到总部外派财务经理到南非市场负责制定财务制度和流程后，南非子公司的财务管理才逐渐规范化。此外，随着业绩不断提升，南非子公司最初采用的手工录入奖金计算表方式难以跟上业务发展速度，当地技术人员开发的计算系统也常因与业务流程不匹配而报错。于是，母公司外派 IT 信息部经理到南非提供技术支持，手把手地指导当地员工如何设计系统，最终成功设计出自主管理的奖金录入和计算系统。

探索东道国知识。成立初期，由于对市场环境缺乏了解，南非子公司主要通过与当地伙伴合作来获取重要的市场和客户资源。随着对当地市场逐渐了解，南非子公司对市场进行分析，迅速找准营销突破点（发现同行企业在设立经销商激励制度方面存在缺陷，导致经销商流失现象严重），为后期开展本地化营销积累了市场知识。同时，南非子公司组织员工学习各类业务知识，要求所有员工全面掌握海关清关、物流发货和电算录入等各项业务流程。这在一定程度上减少了员工突然离职等不稳定因素带来的不利影响。为了使消费者更直观地看到产品效果，南非子公司从当地引进与护心丹产品配套的“微循环检测仪”及相关检测技术，通过“干中学”的方式，不断提高技术和专业知识水平，从而促进了当地市场对产品认可度的提升。

南非子公司通过从母公司和东道国吸收、获取各类知识，有效提升了知识存量和知识获取能力，积累了充足的知识资源。在这种情况下，一方面，当母公司认识到南非子公司知识资源的价值时，知识寻求意愿增强，希望从南非子公司获取当地重要的知识资源，扩充母公司的知识库，为开拓其他海外市场奠定基础；另一方面，南非子公司知识资源和经营能力的提升，会促使其不断拓展经营范围，进而需要更多的知识资源来支撑其在东道国市场的运营。在子公司知识积累、母公司知识寻求意愿和东道国市场拓展三者的共同作用下，南非子公司不再仅仅专注于执行母公司的市场寻求战略，而是逐渐转变为“贡献者”，为母公司和南非市场贡献自身的知识资源。

(3)从“贡献者”到“战略领导者”角色演变过程。南非子公司演变为“贡献者”角色后，需要充分应用先前在运营过程中获取和积累的各类知识资源，提升其在跨国公司内部和东道国市场中的战略重要性。因此，南非子公司的知识管理过程从知识获取向知识应用转变。在这种情况下，针对东道国市场和母公司的需求，南非子公司主要将知识应用于自身发展和内部转移。

知识应用于自身发展。随着对南非市场的了解程度的不断加深，南非子公司基于先前积累的市场知识制定本地化营销战略。通过市场分析和调研，发现经销商发展业务面临的最大难题是缺乏代步工具。尽管许多销售公司设立了“豪车奖”来激励经销商提升业绩，但由于门槛较高，大多数经销商难以企及。因此，南非子公司另辟蹊径，设立“小车奖”，降低奖品单价，扩大覆盖范围。在这种激励制度下，经销商都开始冲击“小车奖”，业绩实现爆发式增长。同时，南非子公司根据当地消费者的偏好和特点，在圣诞节等重要节日推出符合当地消费者习惯的促销活动，促进销售业绩的快速提升。此外，南非子公司注重经销商的培养，合理整合和配置经销商资源，引导经销商跟随公司的节奏和方向拓展市场，并基于对经销商的了解和洞察，制定恰当的激励措施，例如在每次市场活动结束后，马上把奖金支票发到经销商手中，以建立与经销商之间的信任，激励经销商快速提升业绩，加快市场开发的速度并提升效率。

知识应用于内部转移。一方面，南非子公司在开展市场活动时有意识地向周边市场渗透，了解其消费特点和需求，并向其传递中医药理念和产品优势。当周边市场子公司成立后，南非子公司迅速将积累的知识和经验向新子公司转移，帮助其快速在当地市场站稳脚跟。同时，南非子公司将培养的市场业务和核心技术骨干派往其他子公司开拓市场，以员工为载体转移各类知识。此外，南非子公司采取组织剥离的方式，将原来合并的办事处独立出来，成立新子公司，使其独立经营。通过这种方式，南非子公司市场和管理等各方面的知识得以顺利转移。另一方面，南非子公司高管和核心业务骨干定期到总部参加轮训，通过开设讲座、提供指导和培训等方式，将在南非积累的市场经验和管理知识传递给母公司，扩充母公司的知识库，为开拓其他市场储备知识资源。

南非子公司通过将获取和积累的知识资源应用于自身发展和内部转移，大幅提升了销售业绩和知识应用能力，并逐渐成为海外人才培养基地，负责海外员工的培养和输出。在这种情况下，一方面，南非子公司较强的知识转移能力和人才培养能力得到了母公司的高度认可，促使母公司逐渐将其作为开拓国际市场的战略重点；另一方面，随着销售业绩和市场份额的提升，东道国对子公司的认可度大幅提高。在子公司战略重要性、母公司高度认可和东道国高度认可三方面因素的共同作用下，南非子公司除了向母公司和当地市场贡献知识资源，还逐渐在跨国公司网络和东道国市场中发挥战略领导作用，引领天士力在非洲市场的发展，从“贡献者”演变成“战略领导者”。

相关内容见表3.4。

表 3.4 南非子公司角色演变编码与典型证据援引

典型证据援引	一阶概念	二阶主题	聚合构念
我觉得南非的经济和市场环境特别适合中药的生产销售，一定要开发南非市场(F1)	开发南非市场	母公司动机	执行者角色形成基础
南非介于发展中国家与发达国家之间，是推行“先于发展中国家探索，积累经验再取发达国家”方略合适的起点和突破口(F1)	以南非为海外起点		
中医药在南非取得合法地位，南非政府将草药统一列入了补充药品范畴，为天士力开拓南非市场创造了“地利”(F2)	中药取得合法性	东道国市场潜力	
非洲当地居民世代都有使用草药的传统，对中医中药并不排斥，且对中药产品的需求较高(S2)	当地对中药需求高		
于力负责检测，戴总从医学角度教我们怎么给顾客讲解，讲清楚这个事情，慢慢地，护心丹的市场接受度就在提高(F4)	母公司传授技巧	吸收母公司知识	知识获取
我们把总部制度作为重要参考，译成英文让员工学，慢慢地，他们就根据制度来工作，我们也用这些制度来约束员工(F2；S1)	参考母公司制度		
最开始我在记账，特别乱。直到总部派杨姐去了，财务才正式规范。她做了好多像收款、借贷、发货流程等，挺多的(F2)	母公司外派员工		
刚到南非时住在一个中国医生家里。他对天士力特别感兴趣，非常愿意和我们合作，市场方面的事情，都是他帮着做的(F4)	与当地伙伴合作	探索东道国知识	
我刚来时什么都干，物流、电算、收款……受益很大。所以我要求员工精通当地业务，一旦出现缺岗，就要立马顶上(F5)	要求精通当地业务		
我们引进当地的“微循环检测仪”，能看到服用护心丹前后的血流变化，这种直观的视觉效果对当地人特别有说服力(F2)	引进当地仪器技术		

续表

典型证据援引	一阶概念	二阶主题	聚合构念
南非市场从无到有，积累了很多市场开发、本地化经营方面的经验，已经慢慢地建立起一套知识体系(F1)	知识存量增加	子公司知识积累	贡献者角色形成基础
随着前期知识和经验积累，我们能够迅速识别获取总部和南非市场上对我们有用的产品、技术和管理等经验与信息(F2)	知识获取能力增强		
南非子公司发展好了，要把它在当地市场的一些成功经验和知识拿到总部来，扩充总部的知识库(F1)	期望扩大知识库	母公司知识寻求意愿	
以后我们再开发与南非环境、消费习惯相似的市场时，从南非转移而来的经验和知识将大有用处(F1)	期望反哺市场开发		
经过这么长时间的努力，南非子公司经营能力终于大幅提升，随着经营能力的提高，能够不断扩大经营范围(F3)	经营范围扩大	东道国市场拓展	
天士力国际市场开始跟随着经销商的脚步，逐渐向南部非洲乃至整个非洲地区延伸(S1)	向周边市场延伸		
我们根据前期对市场和经销商的分析设立了“小车奖”。该方案一经出台，立刻获得热烈响应，大家都开始冲击“小车奖”(F6)	制定本地营销战略	知识应用于自身发展	知识应用
通过对经销商心理的洞察，我们每次培训结束后直接发放支票，对经销商的鼓舞特别显著，激励他们创造更高的业绩(F3)	制定激励措施		
南非公司善于引导经销商，让他们跟着公司节奏去开拓市场。这样能把这些资源整合好，掌握了这些资源，也就掌握了市场(F1)	聚拢市场资源		
南非子公司的人后来都去开拓其他市场了。海外员工都要先到南非学习，积累知识经验，我在南非学习了半个月才到加纳(F11)	输出外派人才	知识应用于内部转移	
之前博茨瓦纳还是南非的一个办事处，后来才正式独立出来，派了中方财务和市场人员，才算是有了一个分公司的建制(F11)	剥离成立子公司		
市场骨干积累一定的经验后，需要定期到总部进行轮训，并作为讲师将自己在本土市场的经营经验和知识带回总部(F1；S1)	骨干担任轮训讲师		

续表

典型证据援引	一阶概念	二阶主题	聚合构念
南非公司慢慢地建立起知识库，对自身拥有的知识有了更加清晰的认知。这使得公司能利用知识更好地促进自身和其他子公司的发展，提高知识利用效率（F2）	知识应用能力增强	子公司战略重要性	战略领导者角色形成基础
南非员工都去开拓市场了，比如刘伟，博茨瓦纳总经理；王忠海，莫桑比克总经理；张阳，尼日利亚总经理……（F1；S1）	成为人才培养基地		
南非子公司在拓展非洲市场中起到了绝对的领导和桥头堡作用，在战略、营销和管理等方面也起到了模范带头作用，可以说，没有南非子公司，天士力在非洲市场举步维艰（F1）	成为非洲区域桥头堡		
南非子公司召开首届中医药走进非洲研讨会，国内若干家主流媒体的记者应天士力之邀赴非洲实地采访（S1；F12）	邀国内媒体赴非采访	母公司高度认可	
南非公司召开了规模最为盛大的一次发车大会，闫主席带了很多“254 医院”的专家和总部领导千里迢迢赶去参会（F6；S2）	总部高管南非参会		
非洲多个国家政要、专家和近千名优秀经销商身着盛装，载歌载舞，把天士力誉为“东方神舟”的欢呼场景历历在目（S2）	被誉为东方神舟	东道国高度认可	
复方丹参滴丸等 7 种现代中药，已被南非政府认定为防治冠心病等疾病的有效药物，受到非洲人民的广泛认可和青睐（S2）	产品获得认可		

2. 日本子公司角色演变过程：跃升式演变机制

日本子公司作为天士力在发达市场设立的第一家子公司，主要基于知识创造，通过跃升式演变机制从“执行者”演变为“战略领导者”。具体而言，由于执行者的角色设定以及先前在国内市场积累的知识和经验难以与发达市场有效匹配，日本子公司需要在当地市场开展知识创造活动，以克服来源国劣势。通过知识创造，日本子公司逐渐探索出在当地运营的新模式，在业务、营销和管理方式等方面进行拓展和创新，提升自身的知识存量和知识创造能力，从而提高其在跨国公司内部和东道国市场的战略重要性。随着日本子公司知识资源的积累和战略重要性的凸显，一方面获得了母公司的高度认可，母公司逐渐将其作为战略重点；另一方面，日本市场对企业的认可度大幅提升。在子公司、母公司和东道国的共同作用下，日本子公司从“执行者”演变为“战略领导者”(如图 3.3 所示)。

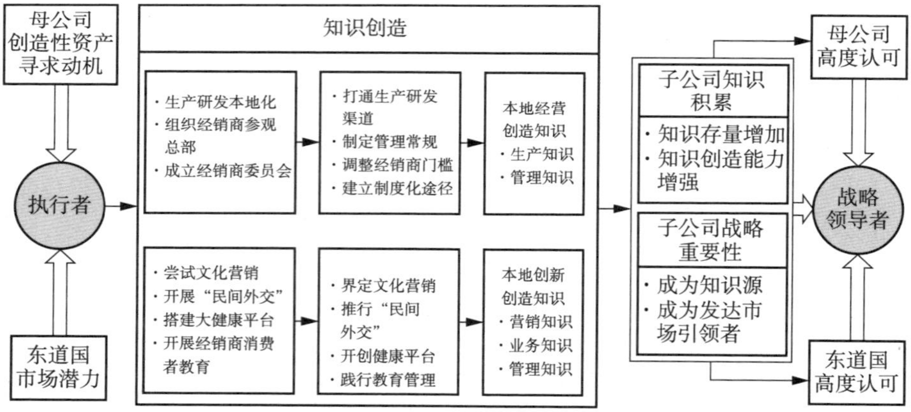

图 3.3　日本子公司角色演变模型

(1)初始“执行者”角色设定。日本子公司成立之前，“毒饺子事件”爆发导致中国企业在日本市场的形象较差，天士力迫切希望通过在日本开展经营来扭转中国企业的形象，并将中药销往日本市场。与此同时，国内知名中药企业在日本实现国际化，在一定程度上证明了日本市场对中药产品的现实需求。因此，母公司动机和东道国市场潜力是日本子公司最初“执行者”角色的形成基础。其中，母公司动机促使日本子公司以寻求企业和国家形象改变为导向开展市场活动，而东道国市场潜力在一定程度上激励子公司主动开展本地化运营。

母公司动机。随着中药产品在世界范围内的普及，2006 年，天士力开始筹划进入发达国家市场。2007 年底，“毒饺子事件”在日本爆发，对中国企业的品牌形象造成了极大的负面影响。天士力“逆势而上”，将第一个发达市场定为日本，希望借助自身实力来改变中国企业在日本的形象。在进入日本市场前，天士力对日本市场展开了深入分析，认为能够改变中国企业形象的最好方式就是把五千年文化输入日本市场。就这一点而言，中药行业凝聚了中国文化的精髓，能够更迅速、有效地实现文化输出。因此，天士力进一步明确了改变中国企业在日本市场形象的战略目标，并开始进入日本市场。

东道国市场潜力。与其他国家相比，日本对药品的审查程序更严格，中药产品进入的难度较大。因此，天士力最初并未将日本作为重要的海外市场。国内知名中药企业三九集团成功收购日本东亚制药后，30 类共 100 多种 OTC 中药正式以“999”品牌在日本市场销售，这标志着中药企业开始涉足日本市场，对天士力造成了强烈的冲击。三九的成功收购意味着日本市场对中药产品存在现实需求，且尚未被充分挖掘。同时，由于文化因素，日本消费者对中药的认知程度高于其他产品，中药行业在日本具有较大的市场潜力。

（2）从“执行者”到“战略领导者”演变过程。成立初期，由于日本子公司初始角色为“执行者”，加上母公司缺乏发达市场运营经验以及日本的市场环境较为复杂等，日本子公司主要通过本地经营和本地创新两种方式，创造有利于自身发展的知识资源，以弥补多重劣势，实现快速成长。

本地经营创造知识。一方面，初涉日本市场时，为了淡化“中国制造”的概念，日本子公司将产品定位于瓶装口服液，在日本打通瓶装口服液容器和原料厂商的渠道，将复方丹参滴丸在日本工厂进行灌装生产。随着市场范围的不断扩大，日本子公司发现，由于瓶装口服液具有便携性和便利性，当地消费者更倾向于购买瓶装产品。基于此，日本子公司在后续研发过程中将这一重要因素考虑在内，在瓶装不影响产品功效的前提下，尽量采用瓶装生产，确保了新产品的销量。另一方面，日本子公司尝试组织经销商到总部参观，以加强经销商对企业的了解，给经销商留下了安全、安心、可靠的印象。此后，日本子公司将“经销商定期参观总部”定为一项管理常规，不断增强经销商对企业的信任。同时，日本子公司根据当地市场和经销商的特点，将经销商准入门槛由100美元提高至2000美元，在提升收益的同时，提高经销商的“含金量”，激发经销商的创造性和积极性。随着经销商队伍的不断壮大，日本子公司成立经销商委员会，赋予经销商管理自主权，允许其参与子公司决议和管理，逐渐建立起制度化的经销商管理团队，提高管理效率。

本地创新创造知识。日本子公司成立初期受到“毒饺子事件”的影响，产品在当地市场遭排斥。为了树立正面形象，日本子公司根据当地市场特点和消费者习惯，聘请当地学者将天士力的发展史写成一本书并出版，增进了日本消费者对天士力历史的了解，为市场开发奠定了基础。日本子公司将这种方式概念化为“文化营销”，并推广到其他子公司。钓鱼岛事件爆发后，日本子公司产品退货率和拒收率大幅提升。在这种情况下，日本子公司再次创新营销方式：一方面，推行“民间外交”。向经销商传递“平衡”理念，即许多日本企业在中国受到消费者抵制，如果日本市场能够为中国企业提供较好的市场条件，就能够构建平衡，这种矛盾就会减少。通过经销商向客户传递民间交流和友好沟通原则，逐渐淡化了钓鱼岛事件的不利影响。另一方面，借助复方丹参滴丸的中国临床数据对经销商和消费者进行产品教育，向其讲述天士力的发展历程和核心竞争力，最后再推荐其他产品，形成产品推广的良性循环。此外，除了生产和销售中药产品，日本子公司还根据当地市场情况，开创新的业务模式，搭建大健康平台，将更多的产品和医疗方式纳入平台，不断提升企业价值。

日本子公司通过在当地市场创造各种经营所需的知识资源，提升了知识存量和知识创造能力，也提升了销售业绩，同时逐渐成为国际市场重要的知识源，为开拓其他发达市场提供了坚实的基础。在这种情况下，日本子公司团队及其经销商获得母公司的高度认可。此外，日本子公司打破了日本市场对中国企业的“偏见”，提升了企业认可度。在子公司知识积累和战略重要性凸显、母公司高度认可和东道国高度认可三者的共同作用下，日本子公司快速从“执行者”演变成“战略领导者”，引领天士力在亚洲和欧洲等发达市场的发展。

相关内容见表3.5。

表 3.5　日本子公司角色演变编码与典型证据援引

典型证据援引	一阶概念	二阶主题	聚合构念
当时我们就提出了一个更有高度的想法，要通过天士力来改变中国企业在日本的形象（F1）	寻求形象改变	母公司动机	执行者角色形成基础
企业能够代表中国最好的方式就是把五千年的文化输入进去。我们特别想通过天士力将中国的文化输入日本（F7）	寻求文化输入		
三九集团收购东亚制药后，将产品引入日本市场，实现国际化，证明日本市场对中药产品需求非常旺盛，这对天士力触动非常大（S1）	产品需求旺盛	东道国市场潜力	
瓶装口服液的容器和原料供应渠道在日本打通，产品也在日本生产，这么做是因为当时没办法，很多人觉得中国生产是非常可怕的（F7；S2）	打通生产研发渠道	本地经营创造知识	知识创造
力保健是小型口服液，随时就能喝。而如果我们只专注卖胶囊的话，消费者需要找水、记时间，很不方便。所以把产品本地化（F10）			
组织经销商到总部来参观，非常有效。到总部参观后，他们提高了信心，于是参观总部就成了经销商管理的一项常规制度（F1）	制定管理常规		
我们把经销商的 100 美元准入门槛提高到 2000 美元。同样的时间投入和付出下，收益却不一样，而且提高了经销商"含金量"（F9）	调整经销商门槛		
范社意识到要做好经销商管理，于是成立经销商委员会，让经销商通过正规的组织和制度化途径参与公司的决议和管理（F11；F12）	建立制度化途径		
我们邀请了一位日本人采访公司主席，基本上把天士力的"前世今生"给整明白了，写成了《改变五千年历史的男人们》这本书。日本人特别认这个，起到了不小的作用，前前后后加印了好多次。我们把这种营销模式定义为文化营销（F9；S1）	界定文化营销	本地创新创造知识	
我提出一个创新说法：民间外交。我们推行大健康理论，为了提高民众健康水平，所做的工作本质就是民间交流与友好沟通（F7）	推行"民间外交"		
公司的增长点在于搭建平台，实际上，经销商看重的就是天士力平台。我们做的有帝泊洱茶、TCM 诊疗，未来还有更多的事干（F9）	开创健康平台		
中国离日本近、费用低，日本人习惯考察商业环境，我们向经销商宣传，这是你自己的事业平台，掏钱考察是应该的（F9）	践行教育管理		

续表

典型证据援引	一阶概念	二阶主题	聚合构念
日本公司积累了很多管理和营销方面的经验，最重要的管理经验就是在当地进行文化输入，开展价值观的统一教育（F7）	知识存量增加	子公司知识积累	战略领导者角色形成基础
日本市场和之前的市场都不一样，很多经验没法借鉴，只能根据实际制定新的战略，创造新的知识和经验（F1；F7）	知识创造能力增强		
日本子公司管理实践和经营方法都是独特的，我们把它作为知识来源，为其他海外市场提供积累（F1）	成为知识源	子公司战略重要性	
日本子公司发展起来后，再开拓其他发达市场就轻松多了。你想想，当时日本市场条件多恶劣，刻板印象多严重，我们都挺过来了，没怕的。这些无论是本地化的还是市场开发之类的经验和教训，都能很好地指导其他子公司发展（F7）	成为发达市场引领者		
日本公司整个团队获得了总部颁发的“特殊贡献奖”“最佳集体奖”等多个最高级别奖项（F12；S1）	团队获总部认可	母公司高度认可	
坂本作为第一个获得“天士力集团总裁特别嘉奖”的经销商，站在了表彰大会上，闫主席亲手为她颁发了奖牌（F11）	经销商获总部认可		
日本注重健康理念，天士力的大健康理念和健康还原学说与当地的大环境和文化很契合，所以消费者很认可（F11；S2）	理念与东道国契合	东道国高度认可	
NHK 电视台之前不允许节目中出现企业信息，但这次在录制时，却把天士力的大门和 LOGO 给拍进去了（F7；F13）	当地官媒宣传企业		

第三节 研究发现与结论

一、研究发现

本章围绕“中国跨国企业海外子公司角色如何演变?”这一核心问题，针对天士力南非子公司和日本子公司的国际化实践，通过严谨的结构化数据方法，系统探索了海外子公司角色演变的过程和机制，分析了海外子公司角色的形成基础，最终提炼出中国跨国企业海外子公司角色演变机制（如图3.4所示）。

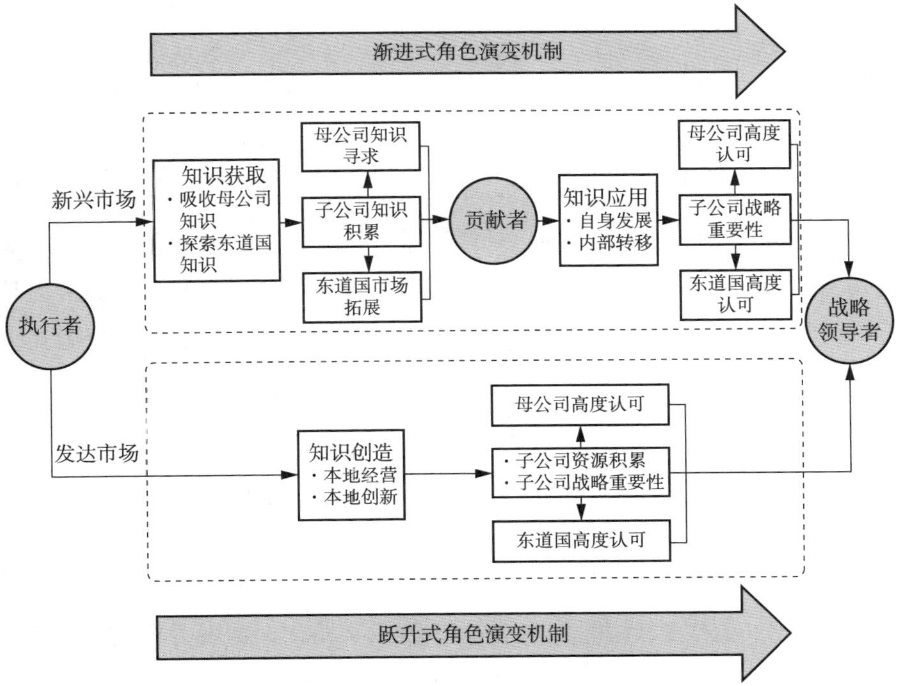

图3.4 中国跨国企业海外子公司角色演变机制的理论框架

1. 中国跨国企业海外子公司角色演变机制

通过案例分析，本书发现，中国跨国企业海外子公司角色演变机制因海外市场的不同而存在显著差异：在新兴市场设立的海外子公司通常通过渐进式演变机制实现“执行者—贡献者—战略领导者”角色的演变；在发达市场设立的海外子公司通常通过跃升式演变机制实现“执行者—战略领导者”角色的演变。两种角色演变机制的对比如表 3.6 所示。

表 3.6　中国跨国企业海外子公司角色演变机制对比

分类	渐进式演变机制	跃升式演变机制
东道国市场类型	新兴市场	发达市场
演变路径	执行者—贡献者—战略领导者	执行者—战略领导者
知识管理	知识获取、知识应用	知识创造
演变速度	较慢	较快

其中，渐进式角色演变机制是指中国跨国企业在新兴市场设立的海外子公司基于知识获取和知识应用，通过“执行者—贡献者—战略领导者”的演变路径实现角色演变的机制。具体而言，首先，当中国跨国企业海外子公司初涉新兴市场时，由于自身知识基础薄弱，且新兴市场与母国市场具有一定的相似之处，子公司需要先通过吸收母公司知识和探索东道国知识两种方式获取经营所需的知识资源。通过知识获取，子公司的知识资源储备和知识获取能力大幅提升(蒲明、毕克新，2017)，一方面会激发母公司的知识寻求意愿，另一方面能够扩大子公司在东道国的市场范围。在母、子公司和东道国三者的共同作用下，子公司除了执行母公司的市场寻求战略，还需要将其积累的知识资源“贡献”于母公司和东道国市场(Park，2010)，子公司从“执行者”演变为“贡献者”。其次，演变为“贡献者”后，基于母公司和东道国市场的需求，子公司一方面将积累的知识资源应用于自身在东道国市场的经营发展，另一方面将先进的知识资源转移到母公司或同行子公司，推动企业整体国际竞争力的提升(Ai and Tan，2020)。通过知识应用，子公司在跨国公司内部和东道国市场的战略重要性凸显，母

公司和东道国对子公司的认可度大幅提升(Ju et al.，2023)。在母、子公司和东道国三者的共同作用下，子公司演变为“战略领导者”，充分发挥战略引领作用，引领跨国公司在新兴市场的发展。

跃升式演变机制是指中国跨国企业在发达市场设立的海外子公司基于知识创造，通过“执行者—战略领导者”的演变路径实现角色演变的机制。具体而言，发达市场通常在发展程度、市场环境等方面均优于母国(Mudambi et al.，2014)。因此，当中国跨国企业海外子公司初涉发达市场时，由于母公司的知识和经验很难应用于当地市场且从东道国直接获取和吸收知识的难度较大(Huang and Li，2019)，子公司需要在运营过程中通过本地经营和本地创新两种知识创造方式不断创造有助于其在东道国快速发展的知识。这种知识创造过程能够充分激发子公司的潜力，在增加知识资源积累的同时，彰显子公司对母公司和东道国市场的战略重要性。在此情境下，母公司认识到子公司知识的战略价值并高度认可，逐渐将子公司作为战略重点，期望通过子公司的知识创造活动获取更多稀缺的知识资源；同时，子公司在东道国获得较高的财务和创新绩效，东道国对企业的认可度也大幅提升。在母、子公司和东道国三者的共同作用下，子公司由“执行者”演变为“战略领导者”。

2. 中国跨国企业海外子公司角色的形成基础

与以往研究多基于母公司安排观、子公司选择观和东道国当地环境决定观对海外子公司角色的形成基础进行的探讨不同(郝瑾等，2017)，本章基于知识资源对中国跨国企业海外子公司角色形成的重要作用，从母公司、子公司和东道国三个层面剖析了海外子公司角色的形成基础。

具体而言，中国跨国企业海外子公司在国际市场中面临后来者、新来者和外来者等多重劣势(Luo and Tung，2007)，因此成立初期在开展独立跨国经营、获取东道国合法性等方面面临诸多困难。同时，中国跨国企业在海外设立子公司，具有较强的战略资产寻求导向(Sutherland et al.，2020)。执行者角色往往是母公司将自身的战略寻求动机与东道国市场实际情况进行匹配后，为海外子公司设定的初始角色(Castellani et al.，2022；

Bartlett and Ghoshal，1986）。此时，海外子公司较低的知识资源水平难以支撑其在东道国市场的独立运营。接受母公司的资源支持，在东道国市场中执行母公司所赋予的任务和职能是执行者角色的核心。因此，母公司动机和东道国市场潜力共同构成执行者角色的形成基础。其中，母公司动机决定了海外子公司在东道国市场的经营目标和战略导向，东道国市场潜力在一定程度上能够激发子公司执行母公司市场战略的积极性和主动性，为母公司开拓东道国市场奠定基础（Luo and Bu，2018）。

贡献者是执行者通过不断提高知识资源和能力水平而逐渐演变形成的角色（Delany，2000）。通过从母公司和东道国处获取知识资源，海外子公司积累的信息和资源优势能够激发其自主经营的积极性和主动性（Phene and Almeida，2008），促进知识存量的提升和知识获取能力的增强。子公司知识资源的积累能够激发母公司的知识寻求意愿，同时扩大东道国市场范围，驱动子公司将积累的知识资源“贡献”给母公司和东道国。因此，子公司知识积累、母公司知识寻求和东道国市场拓展是贡献者角色的形成基础。其中，子公司知识积累能够为贡献者角色的形成奠定坚实的资源基础，并在贡献者角色形成过程中占据主导地位。母公司知识寻求和东道国市场拓展构成了贡献者角色形成的内在动机和现实需求，驱使子公司将积累的知识资源用于自身在东道国市场的发展和跨国企业内部的转移（Cuervo-Cazurra et al.，2022）。

战略领导者是由执行者或贡献者演变而形成的角色（郝瑾等，2017）。海外子公司获取、应用和创造知识，一方面能够增加知识资源积累（Lee，2022），另一方面能使其独特的知识资源成为母公司和东道国市场发展的基础，为母公司和东道国市场创造更多价值（Almeida and Phene，2004），进而凸显其战略重要性。子公司知识资源的积累和战略重要性的凸显，除了能够扩充子公司的知识存量、提高经营绩效，还能够使母公司和东道国意识到子公司的重要性，提高对子公司的认可度，逐渐将其作为战略发展重点（Manolopoulos，2008）。因此，子公司知识积累和战略重要性、母公司和东道国高度认可是战略领导者角色形成的基础。其中，子公司知识积累为战略领导者角色的形成提供了资源和能力支撑，子公司战略重要性为母公司和东道国提供了认知基础，在战略领导者角色形成过程中占据主导地位。母公司和东道国的高度认可为战略领导者角色的形成提供了组织和市场层面的支持，有助于迅速提升子公司战略地位，推动其在国际市场中引领整个跨国公司的战略发展。

二、研究结论

本章从知识资源助推视角出发，通过对天士力及其海外子公司进行嵌入式单案例研究，探明了中国跨国企业海外子公司角色演变的过程和机制。主要研究结论如下：

（1）中国跨国企业在新兴市场设立的海外子公司，可以通过渐进式演变机制，即基于知识获取和知识应用，遵循“执行者—贡献者—战略领导者”的演变路径，实现角色演变；在发达市场设立的海外子公司，可以通过跃升式演变机制，即基于知识创造，遵循“执行者—战略领导者”的演变路径，实现角色演变。

（2）子公司、母公司和东道国三个层面的因素，共同构成了海外子公司不同角色的形成基础。其中，母公司动机和东道国市场潜力构成执行者角色的形成基础。子公司知识积累、母公司知识寻求和东道国市场拓展构成贡献者角色的形成基础；子公司知识积累和战略重要性、母公司高度认可和东道国高度认可构成战略领导者角色的形成基础。

第四章

管理者认知对海外子公司战略角色演变的影响机制研究

EMNEs 海外子公司战略角色的演变是一个动态复杂的过程，其成长发展处于充满不确定性与风险较高的环境中，因而 EMNEs 需要经常调整国际化战略，变更海外子公司战略角色，以适应环境变化。其中，EMNEs 高管是做出海外子公司角色变更相关决策并开展行动的主体。高管的认知能力直接影响其对外部环境变化的感知和响应，决定着海外子公司战略角色的调整和演变，也决定着他们能否准确把握国际市场的变化，以及如何调整子公司的战略角色以适应这些变化。本章将基于匹配与认知视角，深入探讨 EMNEs 高管的认知如何影响海外子公司战略角色的演变。本章运用多元回归分析方法，对 2012—2021 年沪深 A 股 212 家制造业上市公司的数据进行分析，以揭示管理者认知、创新资源投入、市场能力构建与海外子公司战略角色演变之间的关联。本章将聚焦于管理者主导逻辑下，管理者认知对 EMNEs 海外子公司战略角色演变的具体影响机制。通过深入分析这些效应机制，能够更深刻地理解 EMNEs 高管如何通过感知外部环境变化，有效管理旗下海外子公司，推动其战略角色的演变，以实现公司的国际化战略目标。

第一节　研究假设与研究模型构建

海外子公司角色的形成与演变可以分为“结果导向”和“过程导向”两种类型，二者体现出 MNEs 对待环境、资源与能力的不同态度。“结果导向”强调海外子公司角色要同环境、资源与能力相匹配，重点考察环境、资源与能力对海外子公司角色形成与调整的影响，其暗含的逻辑是组织情境主导了海外子公司战略角色的演变，企业角色要与情境相匹配。“过程导向”更侧重于企业如何主动设计海外子公司战略角色，强调为达成设计的角色，企业主动开展资源与能力重构。尽管东道国和母国环境、EMNEs 母子公司的资源和能力对海外子公司角色形成很重要，但 EMNEs 的高管才是做出海外子公司角色变更相关决策并开展行动的主体。秉持"过程导向"的海外子公司角色研究，更强调企业管理者如何主动开展资源与能力重构以达成海外子公司角色设计；其暗含的逻辑是企业管理者可以主导或显著影响海外子公司战略角色的演变。因此，本节基于匹配与认知视角，分析 EMNEs 管理者认知对海外子公司战略角色动态演变的影响，总结提炼与管理者相关的微观基础要素对海外子公司角色演变的作用机制。

一、管理者认知与海外子公司战略角色演变

在全球化的商业环境中，EMNEs 的成长发展面临不确定性与风险较高的挑战，常需要调整国际化战略（Zahra et al.，2005），变更海外子公司角色，以适应环境的变化（Gutierrez-Huerter，2019）。EMNEs 高管是做出战略调整、设计并调整海外子公司角色的关键决策者，也是开展行动的主体。外部环境的变化并不一定能够促使 EMNEs 海外子公司战略角色的调整，因为 EMNEs 高管对东道国环境与国际商务的认知是存在差异的，这可能造成企业所设计海外子公司角色的属性存在差异，从而设计出不同架构属性与价值属性的海外子公司，最终影响海外子公司角色的类型（Johnson et al.，2008；Chandler et al.，2014）。此外，EMNEs 高管对环境、资源与能力的感知存在差异，也可能会促使企业采取不同的行动，从而影响海外子公司的战略角色。因此，在海外子公司战略角色演变过程中，EMNEs 高层管理者的认知会起到重要作用。

具体而言，EMNEs 高层管理者对国际市场环境、资源与能力、组织结构与流程、风险管理和跨文化管理等方面的认知对海外子公司战略角色演变具有重要影响（George and Bock，2011；Mezger，2014；Brea-Solis et al.，2015；Kim and Min，2015）。首先，管理者对国际市场环境的认知，包括对市场规模、增长潜力、竞争强度、文化差异和政治经济稳定性的理解，是制定有效国际化战略的基础（Mezger，2014）。其次，资源与能力认知涉

及管理者对公司技术专长、品牌影响力、财务实力等资源和能力的理解(Brea-Solis et al.，2015)。这种认知有助于高管评估公司在全球市场中的竞争优势，并据此调整子公司的战略角色。组织结构与流程认知则涉及管理者对组织结构和流程的理解和评估，包括决策流程、沟通渠道和组织文化(George and Bock，2011)。有效的组织结构和流程能够促进信息流通和提高决策效率，支持子公司的战略调整和角色发展(Kim and Min，2015)。风险管理认知涉及管理者对国际业务中潜在风险的识别和评估，包括市场风险、汇率风险和合规风险(Zahra et al.，2005)，有助于高管制定风险缓解措施，为子公司的战略角色演变提供稳定性。跨文化管理认知是管理者对当地法律法规、语言文化、税务政策、劳工管理等方面的知识和案例的理解(Gutierrez-Huerter，2019)，有效的跨文化管理能够促进不同文化间的沟通和协作，增强子公司在当地市场的适应性和竞争力。基于此，本章提出假设1：

H1：EMNEs 管理者认知能够正向影响海外子公司战略角色演变。

二、管理者认知与海外子公司战略角色演变的中介机制

1. 创新资源投入的中介效应

在全球化竞争日益激烈的背景下，跨国公司的管理者认知对海外子公司的战略角色演变具有重要影响。管理者认知不仅包括对外部环境的洞察力，还涵盖了对公司内部资源和能力的评估，这些认知直接影响着公司的战略决策和资源配置(Hambrick and Mason，1984)。在这一过程中，创新资源投入发挥着中介作用，将管理者的认知转化为海外子公司战略角色的具体实践。具体来说，管理者的认知水平越高，越能够识别和把握国际市场的机遇与挑战，从而推动海外子公司增加创新资源的投入，以适应和引领市场变化。随着创新资源的有效投入，海外子公司能够更好地执行其战略角色功能，无论是作为市场开拓者、利润中心还是创新中心，都能够在全球价值链中发挥更加关键的作用(Luo and Zhang，2019)。

管理者认知与创新资源投入之间的关系紧密且复杂。当 EMNEs 的管理

者对国际市场有深刻的理解和认知时，他们更可能认识到创新的重要性，并将其视为获取竞争优势的关键（Samiee et al.，2015；李辉、吴晓云，2023）。这种认知促使管理者在海外子公司中投入更多的财力、人力和物力来支持创新活动，包括研发、技术升级和人才培养等（Atuahene and Ko，2001；Limaj and Hemroider，2019）。因此，管理者的认知水平在很大程度上决定了海外子公司创新资源投入的规模和方向。同时，创新资源投入与海外子公司战略角色演变之间的关系同样至关重要。创新资源的有效投入能够增强海外子公司的自主创新能力，使其在全球价值链中的地位得到提升（Luo and Zhang，2019）。随着创新能力的增强，海外子公司不再仅仅是执行总部指令的生产单元，而是逐渐转变为具有独立创新和决策能力的战略中心（Meyer et al.，2011）。这种转变使得海外子公司能够更好地响应当地市场的需求，同时也能够为总部提供新的创新思路和解决方案，从而在全球范围内提升公司的整体竞争力。因此，EMNEs 管理者的认知不仅直接影响海外子公司的创新资源投入，还能通过这种投入，进一步推动子公司战略角色的演变和发展。这种关系强调了管理者在全球战略决策中的核心作用，以及创新资源投入在跨国公司全球网络中的战略重要性。基于此，本章提出假设 2、假设 3：

H2：管理者认知能够正向影响海外子公司的创新资源投入。

H3：管理者认知通过创新资源投入促进海外子公司战略角色演变。

2. 市场能力构建的中介效应

管理者的认知包括对国际市场动态的理解、对公司内部资源和能力的评估，以及对外部环境变化的适应能力（Hambrick and Mason，1984）。这些认知影响着管理者如何配置资源，以及如何构建子公司的市场能力，进而影响子公司在全球市场中的战略角色。具体来说，管理者的认知水平越高，越能准确识别国际市场的机遇与挑战，从而更有针对性地构建子公司的市场能力，包括市场洞察力、产品创新能力和品牌建设能力等（Kostova and Zaheer，1999）。这些市场能力的提升，能让海外子公司更好地适应市场变化，增强竞争力，并在全球价值链中扮演更加关键的角色。

管理者认知的深度和广度直接影响其对市场发展趋势的判断以及对子公司能力需求的识别(Samiee et al.，2015)。具有高度认知的管理者能够洞察到国际市场的细微变化，识别出子公司在市场竞争中所需的关键能力，并据此制定相应的能力构建策略(肖明月等，2022；赵丽佳，2024)。例如，管理者可能会推动子公司加大研发投入，以此提升产品创新能力；或者加强品牌营销，以增强市场影响力(Atuahene-Gima and Ko，2001)。通过这种方式，管理者的认知不仅为子公司的市场能力建设明确了方向，更为子公司在全球市场中的成功奠定了基础。同时，随着海外子公司市场能力的增强，其在全球市场中的地位和作用也随之发生变化。具备强大市场能力的子公司更有机会从简单的生产或销售单元，转型为具有独立运营能力和创新能力的区域中心，甚至全球创新中心(Meyer et al.，2011；Kaufmann and Roesch，2012)。这种转变使得子公司能够更有效地响应当地市场的需求，同时为整个跨国公司网络提供战略支持和创造价值。因此，市场能力构建是连接管理者认知与子公司战略角色演变的桥梁，它不仅反映了管理者认知的实施效果，也是海外子公司战略角色演变的直接驱动力。基于此，本章提出假设4、假设5：

H4：管理者认知能够正向影响海外子公司的市场能力构建。

H5：管理者认知通过市场能力构建促进海外子公司战略角色演变。

综上所述，本章的理论研究模型如图4.1所示。

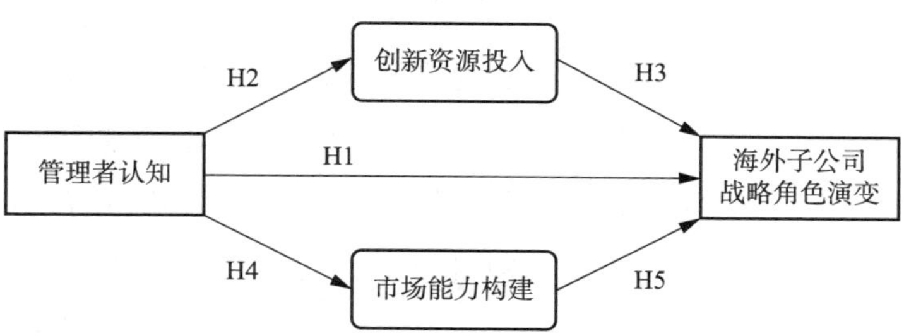

图4.1 管理者认知对海外子公司战略角色演变的影响研究模型

第二节　研究设计

一、变量设计

1. 解释变量

管理者认知（*Cognition*）。本章采用文本分析法来衡量管理者认知。文本分析法基于 Whorf-Sapir 假设，即将人们参与世界所形成的认知范畴嵌入他们使用的文字中。该方法被广泛应用于认知衡量领域，即以高管报告和公司年报为文本分析的对象来衡量企业高层管理者认知是可行的。据此，本章选取 EMNEs 年报作为文本分析材料。基于 Nadkarni 等（2008）的研究，本章使用因果逻辑图的内容文本分析法对管理者认知进行测度。选择年报中“管理层讨论与分析”“公司治理”等内容，以备后续展开文本分析。具体构建方法为：一是找出 EMNEs 年报中“管理层讨论与分析”“公司治理”的内容下与“国际商务”相关的因果语句；二是找出原始因果语句中的原因和结果，特别关注与国际化战略、海外市场拓展、国际合作等内容相关的因果语句；三是整理出因果逻辑图；四是构建管理认知词汇库，对原始词汇库进行构念化和类别划分。这种不断将原始信息归类的方法有利于避免由于个人认知不同而造成的数据处理偏差。

鉴于本章关注的是 EMNEs 高管的管理者认知，且考虑到管理者认知对企业的决策行为的影响具有滞后效应，故样本选取时间为 2013—2021 年。利用 Python 编写爬虫程序，从“新浪财经”网站获取样本企业自 2013 年至 2021 年的企业年报。依照前述分析开展结构化分类，剔除关键词前存在“不”“无”“没有”等否定词语表述，同时也剔除非 EMNEs 的“管理者认知”关键词。最终，利用 Python 对 EMNEs 年报文本提取形成的数据池，包括“国际化”“全球化”“海外投资”“全球战略”“跨国”“调控”“竞争”等词，基于此构建 EMNEs 管理者认知的指标体系。为了方便起见，本章参照邓少军

(2010)的研究，采用管理者认知的词频数除以年报总字数(以千字为单位)后的标准化结果作为反映管理者认知的测量指标，用 *Cognition* 表示。

2. 被解释变量

海外子公司战略角色演变(*SRE*)。研究者认为，海外子公司的战略主导权往往掌握在母公司手中，其战略性角色也是由母公司决定的(郝瑾等，2017)。而母公司通常根据海外子公司的能力及其所在东道国市场重要性来确定其战略角色(薛求知、侯仕军，2005；Cavanagh and Freeman，2012)。因此，本章从以下三个维度对海外子公司战略角色进行测度：海外子公司对于母公司的战略重要性、海外子公司的盈利能力、海外子公司所在东道国市场重要性。

首先，海外子公司对于母公司的战略重要性(*SI*)，可以用海外子公司从母公司获得的资源支持进行衡量(Cavanagh and Freeman，2012)。因此，可以用海外子公司总资产占母公司总资产比重的变化量来度量海外子公司战略重要性的变化程度。计算公式如下：

$$SI=\left(\frac{\text{本期海外子公司总资产}}{\text{本期母公司总资产}}-\frac{\text{上一期海外子公司总资产}}{\text{上一期母公司总资产}}\right)\times 100 \quad (4.1)$$

其次，海外子公司的盈利能力(*PC*)，可以采用海外子公司当年总资产收益率进行测度(温素彬、方苑，2008)。因此，海外子公司盈利能力的变化程度即海外子公司资产收益率的变化值。计算公式如下：

$$PC=\left(\frac{\text{当期海外子公司净利润}}{\text{当期海外子公司总资产}}-\frac{\text{上一期海外子公司净利润}}{\text{上一期海外子公司总资产}}\right)\times 100 \quad (4.2)$$

最后，海外子公司所在东道国市场重要性(*MI*)，可以用母公司在东道国营业收入占总营业收入比重的变化量来度量海外子公司所在东道国市场重要性的变化程度。计算公式如下：

$$MI=\left(\frac{\text{当期海外子公司净利润}}{\text{当期母公司净利润}}-\frac{\text{上一期海外子公司净利润}}{\text{上一期母公司净利润}}\right)\times 100 \quad (4.3)$$

在此基础上，为了避免主观赋权法带来的人为误差，本节采用熵权法对上述三个维度赋予客观权重。具体包含以下三个步骤：

①数据标准化：

其中，Y_{ij} 为标准化值，X_{ij} 为企业 i 的第 j 项指标，$\max(X_j)$ 和 $\min(X_j)$ 分别为第 j 个指标的最大值和最小值。

$$Y_{ij}=\frac{X_{ij}-\min(X_j)}{\max(X_j)-\min(X_j)} \tag{4.4}$$

②求各指标信息熵：

$$E_j=-\ln(n)^{-1}\sum_{i=1}^{n}P_{ij}\ln P_{ij} \tag{4.5}$$

其中，$P_{ij}=Y_{ij}/\sum_{i=1}^{n}Y_{ij}$，$n$ 为企业数量。

③确定指标权重：

$$W_j=\frac{1-E_j}{k-\sum_{j=1}^{k}E_j} \tag{4.6}$$

其中，k 为指标个数。

通过熵权法确定各维度的权重后，得到海外子公司战略角色演变的表达式：

$$SRE=0.407SI+0.312PC+0.281MI \tag{4.7}$$

并使用海外子公司战略角色的同比变化率来衡量海外子公司战略角色的演变。

3. 中介变量

(1)创新资源投入(*IRI*)。

本章参考楼润平等(2024)、玉燕等(2020)的研究，利用创新人才资源投入、创新财力资源投入和创新基础设施投入对海外子公司的创新资源投入进行测度。首先，创新人才资源投入(*IIR*)，主要依据子公司在研发团队建设、人才培养、知识技能培训以及高端人才引进等方面的数据，这些数据通常来源于子公司的人力资源报告、年度财务报表等，通过分析这些数据，可以量化子公司在人才引进、发展和维护方面的努力和投入，进而评估其对创新活动的人才支持力度。计算公式如下：

$$IIR=\frac{研发人员数量}{总员工数量} \tag{4.8}$$

其次，创新财力资源投入(FRI)，侧重于子公司在研发活动、技术升级、新产品开发以及创新项目孵化等方面的财务支出。这些数据主要从子公司的财务报表、研发支出明细、项目投资记录等财务文件中获得。通过对这些财务数据的汇总和分析，我们可以得出子公司在物质资源、技术设备和市场推广等方面为创新活动所提供的财力支持程度。计算公式如下：

$$FRI=\frac{研发支出}{营业收入} \tag{4.9}$$

最后，创新基础设施投入(II)，是衡量企业在支持创新活动所必需的物理和技术基础设施方面的投资，包括但不限于研发实验室、数据中心、生产设备、信息技术系统以及网络设施等。创新基础设施的投入对于企业维持其创新能力和竞争力至关重要。计算公式如下：

$$II=\frac{创新相关的固定资产投资总额}{营业收入} \tag{4.10}$$

在此基础上，为了避免主观赋权法带来的人为误差，本章采用熵权法对上述三个维度赋予客观权重。具体包含以下三个步骤：

①数据标准化。将创新财力资源投入(FRI)、创新人才资源投入(IIR)和创新基础设施投入(II)的数据进行标准化处理，以消除不同指标之间的量纲影响。标准化公式为：

$$x_{ij}=\frac{x_{ij}-\min(x_j)}{\max(x_j)-\min(x_j)} \tag{4.11}$$

其中，x_{ij}是第 i 个子公司在第 j 个指标上的原始数据，$\min(x_j)$和 $\max(x_j)$分别是第 j 个指标的最小值和最大值。

②计算指标的熵值。熵值用于衡量指标离散程度，计算公式为：

$$E_j=-\frac{1}{\ln_n}\sum_{i=1}^{n}p_{ij}\ln p_{ij} \tag{4.12}$$

其中，$p_{ij}=\frac{x_{ij}}{\sum_{i=1}^{n}x_{ij}}$是第 i 个子公司在第 j 个指标上的比例，n 是子公司

的数量。

③计算指标的权重。权重是根据熵值计算出来的，表示每个指标在综合评价中的重要性，计算公式为：

$$w_j = \frac{1 - E_j}{\sum_{j=1}^{m}(1 - E_j)} \tag{4.13}$$

其中，m 是指标的数量。

④计算综合得分。根据每个指标的权重和标准化后的数据，计算每个子公司的综合得分，公式为：

$$S_i = \sum_{j=1}^{m} w_j x_{ij} \tag{4.14}$$

通过熵权法确定各维度的权重后，得到海外子公司创新资源投入的表达式：

$$IRI = 0.282IIR + 0.469FRI + 0.249II \tag{4.15}$$

(2)市场能力构建(*MCB*)。

本章参考 Morgan 等(2018)、Ho 等(2020)的研究，以子公司在市场拓展和市场创造两方面数据来衡量构建市场能力的程度。市场拓展包括市场渗透率、*ROI* 和市场转化率三个方面；市场创造包括客户增长率、客户价值和客户互动率三个方面。其中，市场渗透率用于测量子公司产品销量在目标市场中的占比；市场转化率用于测量营销活动将潜在客户转化为实际购买客户的效率；*ROI* 用于测量投资产生的净收益与投资成本之间的比率；客户增长率用于测量子公司在一年期内客户数量增长的百分比；客户价值用于测量客户对子公司的平均经济贡献；客户互动率用于测量客户与品牌或内容互动的比率。首先，将上述 6 个关键指标分别减去同行业的平均值，再除以该指标的标准差予以标准化处理；其次，对标准化后的各个指标相加求平均值，得到市场能力构建指标。

4. 控制变量

基于 EMNEs 在企业管理和战略决策中的重要性，以及对海外子公司战略角色演变可能产生的影响，本章从母公司的管理者层面和企业层面引入控制变量，从不同角度反映 EMNEs 的管理实践和外部环境。其中，*Bdi* 表示董事会的独立性，即独立董事人数与董事会总人数的比值；*Bsize* 表示董事会规模，用董事会成员人数的自然对数来衡量；*Fasset* 表示有形资产比例，即固定资产净额与总资产的比值；*Market* 表示市场竞争，即销售费用与营业收入的比值；*Operation* 表示运营能力，用总资产周转率来表示。

所有变量的描述如表 4.1 所示。

表 4.1 相关研究变量说明

类型	名称	变量符号	计量方法	文献来源
被解释变量	海外子公司战略角色演变	*SRE*	海外子公司战略角色的同比变化率	薛求知、侯仕军，2005
解释变量	管理者认知	*Cog*	样本公司披露的年报中出现与“国际化”“全球化”“海外投资”“全球战略”“跨国”“调控”“竞争”相关的词频总和与文本总字数的比值	Nadkarni et al.，2008；邓少军，2010
中介变量	创新资源投入	*IRI*	使用海外子公司的创新人才资源投入、创新财力资源投入和创新基础设施投入进行综合考量	楼润平等，2024
	市场能力构建	*MCB*	采用市场拓展和市场创造下 6 个关键指标分别减去同行业的平均值，再除以该指标的标准差予以标准化，最后将标准化后的各指标相加求均值	Morgan et al.，2018；Ho et al.，2020
控制变量	董事会独立性	*Bdi*	独立董事人数/董事会总人数	沈建文等，2020
	董事会规模	*Bsize*	董事会成员人数的自然对数	
	有形资产比例	*Fasset*	固定资产净额/总资产	
	市场竞争	*Market*	销售费用/营业收入	
	运营能力	*Operation*	用总资产周转率表示，即(资产总计本期期末值 - 资产总计上年同期期末值)/资产总计上年同期期末值	

二、数据来源

本章选取 2013—2021 年沪深 A 股制造业中，至少有一家海外子公司的上市企业作为研究样本，原始数据主要来源于国泰安（CSMAR）数据库、万得（Wind）数据库、中国研究数据服务平台（CNRDS）数据库以及上市公司的年报数据。本章的自变量为EMNEs高层的管理者认知，是以样本公司披露的年度报告为文本分析材料，通过文本分析法获得相关关键词的词频数，再通过标准化处理得到结果。鉴于管理者认知、创新资源投入和市场能力构建对企业的相关决策行为的影响存在滞后效应，故本章选取1年滞后期，相关数据收集时间为2013—2020年，海外子公司战略角色演变、董事会规模等的相关数据收集时间为2014—2021年。

本书中相关样本筛选过程如下：①相关研究表明管理者认知形成至少需要10年时间，故选取成立10年以上的公司；②剔除ST及*ST类上市公司；③剔除金融类企业；④剔除相关数据缺失的企业，即由于EMNEs海外子公司的财务数据获取存在限制（如研发强度、财务水平等相关数据），选择此类样本存在不严谨之处，予以剔除。经过筛选，最终确认有效样本公司212家，共计1696条观测数值（样本特征如表4.2所示）。本章使用STATA18.0进行相关数据分析。

表4.2　样本企业的特征描述

EMNEs特征	数量（家）	占比（%）	海外子公司特征	数量（家）	占比（%）
员工规模			公司区位		
<1000人	68	32.08	北美洲	67	31.60
1000~5000人	71	33.49	南美洲	23	10.85
5001~10000人	46	21.70	欧洲	45	21.23
>10000人	27	12.73	亚洲	51	24.07
企业性质			其他	26	12.25
民营及控股	86	40.57	员工规模		
国有及控股	126	59.43	<100人	58	27.36
国际化经验			100~500人	82	38.68
<10年	9	4.25	501~1000人	67	31.60

续表

EMNEs 特征	数量(家)	占比(%)	海外子公司特征	数量(家)	占比(%)
10~20 年	61	28.77	>1000 人	5	2.36
21~30 年	86	40.57	成立年限		
31~40 年	49	23.11	10~20 年	59	27.83
>40 年	7	3.30	21~30 年	74	34.91
董事会规模			31~40 年	44	20.75
<5 人	13	6.13	>40 年	35	16.51
5~10 人	77	36.32	海外市场进入模式		
11~15 人	73	34.43	全资子公司	73	34.43
16~20 人	40	18.87	并购	27	12.74
>20 人	9	4.25	其他	112	52.83

三、模型构建

$$SRE = \alpha_0 + \sum_{i=1}^{8} \alpha_i \, Controls_i + \varepsilon \tag{4.16}$$

$$SRE = \beta_0 + \beta_1 Cog + \sum_{i=2}^{9} \beta_i \, Controls_i + \varepsilon \tag{4.17}$$

$$IRI = \gamma_0 + \gamma_1 Cog + \sum_{i=2}^{9} \gamma_i \, Controls_i + \varepsilon \tag{4.18}$$

$$MCB = \gamma_0 + \gamma_1 Cog + \sum_{i=2}^{9} \gamma_i \, Controls_i + \varepsilon \tag{4.19}$$

$$SRE = \mu_0 + \mu_1 Cog + \mu_2 IRI + \sum_{i=3}^{10} \mu_i \, Controls_i + \varepsilon \tag{4.20}$$

$$SRE = \mu_0 + \mu_1 Cog + \mu_2 MCB + \sum_{i=3}^{10} \mu_i \, Controls_i + \varepsilon \tag{4.21}$$

其中，回归中的被解释变量为海外子公司战略角色演变（*SRE*），解释变量为管理者认知（*Cog*），中介变量为创新资源投入（*IRI*）和市场能力构建（*MCB*），*Controls* 为控制变量。

第三节 实证结果分析

一、描述性统计分析

本章采用 STATA18.0 软件对各变量进行描述性统计分析。从表 4.3 中可以看到，衡量海外子公司战略角色演变的指标 *SRE* 的均值为 7.606，标准差为 73.096，最小值和最大值分别为-104.122、591.461，可见本章样本公司的海外子公司在战略角色演变方面差距较大。管理者认知（*Cognition*）的均值为 6.561，标准差为 1.701，表明样本中的企业高层管理者的目光大多聚焦于外部市场环境变化。创新资源投入（*IRI*）的均值为 0.751，标准差为 0.338，反映了样本中企业在创新资源分配上的统一性和一致性。市场能力构建（*MCB*）的均值为 1.835，标准差为 1.060，表明样本中市场能力构建的分布较为分散，反映了企业在不同市场中的战略定位和资源分配方式的差异。其他控制变量的描述性统计与现有文献测算基本一致，本节在此不再赘述。

表 4.3 描述性统计

变量	编号	观测值	均值	标准差	最小值	最大值
海外子公司战略角色演变	*SRE*	1696	7.606	73.096	-104.122	591.461
管理者认知	*Cog*	1696	6.561	1.701	2.694	7.833
创新资源投入	*IRI*	1696	0.751	0.338	0.226	3.500
市场能力构建	*MCB*	1696	1.835	1.060	0.767	8.900
董事会独立性	*Bdi*	1696	0.368	0.051	0.200	0.600
董事会规模	*Bsize*	1696	2.149	0.204	1.386	2.833
有形资产比例	*Fasset*	1696	0.217	0.137	0.020	0.730
市场竞争	*Market*	1696	0.095	0.113	0.000	0.771
运营能力	*Operation*	1696	0.666	0.331	0.070	2.620

二、Pearson 相关系数矩阵

本章根据 Pearson 相关性分析法，分析管理者认知、创新资源投入、市场能力构建和海外子公司战略角色演变以及相关的控制变量，并据此判断变量间是否存在严重的多重共线性问题。根据表 4.4 的结果可知，企业高层管理者对外部环境的关注度越高，海外子公司战略角色演变程度越是显著提升；企业越倾向于加强创新资源投入和市场能力构建，就越有利于海外子公司战略角色演变，故假设 1、假设 3 和假设 5 得到初步支持。企业高层管理者对外部环境的认知与海外子公司战略角色演变之间的相关系数为 0.143，创新资源投入与海外子公司战略角色演变之间的相关系数为 0.220，市场能力构建与海外子公司战略角色演变之间的相关系数为 0.105，相关系数并没有高度相关。同时，本章所有变量的 VIF 值均小于 3，这表明本章所有变量间均不存在显著的多重共线性问题。

表 4.4 Pearson 相关系数矩阵

	SRE	*Cog*	*IRI*	*MCB*	*Bdi*	*Bsize*	*Fasset*	*Market*	*Operation*
SRE	1								
Cog	0.143***	1							
IRI	0.220***	0.097***	1						
MCB	0.105***	0.134**	0.085	1					
Bdi	0.119	0.124	−0.028	0.112	1				
Bsize	0.089***	−0.177***	0.046	0.091	−0.438***	1			
Fasset	0.081**	0.028	−0.039	0.076	0.023	0.115***	1		
Market	0.167***	−0.114***	0.381***	0.132**	0.001	0.013	−0.177***	1	
Operation	0.056	0.007	−0.144***	0.076	−0.032	0.021	0.007	−0.171***	1

注：*、**、***分别表示在 10%、5%、1%的水平下显著，下同。

三、多元回归结果分析

本章采用多元回归方法验证管理者认知与海外子公司战略角色演变之

间的关系，以及创新资源投入、市场能力构建的中介效应和中介类型。本章采用温忠麟和叶宝娟(2014)的中介效应检验程序进行检验：①分析管理者认知与海外子公司战略角色演变之间的关系；②分析管理者认知与创新资源投入、市场能力构建之间的关系；③分析管理者认知、创新资源投入、市场能力构建与海外子公司战略角色演变之间的关系。如果①和②中的多元回归系数显著，说明中介效应存在，可以通过步骤③判断其对应的中介效应类型。若③中创新资源投入与市场能力构建的回归系数显著，而管理者认知的回归系数不显著，说明创新资源投入与市场能力构建起到完全中介作用；如果创新资源投入、市场能力构建和管理者认知的回归系数同时显著，且管理者认知的回归系数显著降低，则说明创新资源投入、市场能力构建起到部分中介作用。具体的回归步骤如下：

步骤一：用回归方程(4. 16)对控制变量与海外子公司战略角色演变的关系进行估计：

其中，α_0 为常数项，α_i 为各控制变量的回归系数。控制变量包括董事会规模(*Bsize*)、董事会独立性(*Bdi*)、市场竞争(*Market*)、有形资产比例(*Fasset*)、运营能力(*Operation*)，以及随机误差项 ε。回归结果见表 4. 5 中模型 1，其中，董事会规模、市场竞争、运营能力对海外子公司战略角色演变均有显著影响，特别是董事会规模(-0. 124，$p<0.05$)对海外子公司战略角色演变起负向调节作用，即当董事会规模过大时，会增加 EMNEs 的监督成本和监督难度，从而削弱对海外子公司战略角色演变的正向影响，因为决策的延迟和效率的降低可能会阻碍 EMNEs 海外子公司快速响应市场变化和实施战略调整。此外，市场竞争(0. 423，$p<0.01$)的加剧促使海外子公司更加积极地获取关键战略资源，以保持竞争优势，加速海外子公司战略角色的演变。

步骤二：用回归方程(4. 17)对管理者认知与海外子公司战略角色演变的关系进行估计：

在对上述控制变量进行初步控制的基础上，本章借助回归方程(4. 17)对企业高层管理者的认知水平与海外子公司战略角色演变之间的关系进行回归分析，其回归结果见表4.5模型2。从中可知，高层管理者认知正向影响海外子公司战略角色演变($\beta_1=0.166$，$p<0.01$)。EMNEs的高层管理者认知水平体现了其对外部环境的理解以及对企业资源、能力的评估。这种认知能力有助于管理者更准确地识别和把握外部环境中的机会与威胁，从而制定出更适应环境变化的战略，推动海外子公司战略角色的演变。由此，假设1得到支持。另外，对比表4.5中模型1和模型2可知，加入管理者认知后，模型的拟合程度更好，说明高层管理者对企业外部环境变化的关注度越高，海外子公司战略角色演变的提升速度就会更快。由此，假设1成立。

步骤三：用多元线性回归方程(4.18)、回归方程(4.20)评估管理者认知对创新资源投入和创新资源投入对海外子公司战略角色演变的影响：

表4.5中的模型3利用回归方程(4.18)检验管理者认知对创新资源投入的影响，结果表明，两者之间回归系数显著($\gamma_1=0.112$，$p<0.01$)，管理者认知对创新资源投入具有显著的正向影响。具体而言，管理者认知对创新资源投入的直接影响体现在战略重视、资源分配和文化引导三个方面。当新兴市场跨国企业管理者对在国际市场创新重要性的认知程度越高，就越倾向于将创新视为获取竞争优势的关键，并增加创新资源的投入。管理者认知促使管理者在战略决策中优先考虑创新项目，将更多资源如研发资金、技术设备和人才招聘等分配到海外子公司的创新领域，为创新活动提供有力的资源支持。同时，管理者对创新的认知还会影响公司内部的创新文化，鼓励员工积极参与创新活动，进而提高创新资源的利用效率。因此，管理者认知的提高不仅能够直接增加创新资源的投入，还能通过优化资源配置和提升创新效率，进一步增强公司的创新能力。由此，假设2成立。

模型4利用回归方程(4.20)检验管理者认知、创新资源投入二者对海外子公司战略角色演变的影响。结果表明，管理者认知的回归系数显著($\mu_1=0.156$，$p<0.01$)，且小于表4.5中模型2中的回归系数，这表明管理者的认知水平不仅直接影响海外子公司战略角色演变，在加入创新资源投入这一中介变量后，这种影响仍然显著，说明管理者认知对海外子公司战略角色演变具有独立作用。同时，创新资源投入的回归系数显著($\mu_2=$

0. 089，$p<0.05$），表明创新资源投入是管理者认知影响海外子公司战略角色演变的一个途径，即管理者认知水平能够提高海外子公司创新资源投入，并进一步影响了海外子公司战略角色的演变。本章的研究结果表明，创新资源投入在管理者认知与海外子公司战略角色演变关系中存在部分中介作用。由此，假设 3 成立。

步骤四：与步骤三类似，检验市场能力构建在管理者认知与海外子公司战略角色演变之间的中介效应类型，使用回归方程(4. 19)、回归方程(21)评估其中的共同影响效应：

表 4. 5 中，模型 5 利用回归方程(4. 19)检验管理者认知对海外子公司市场能力构建的影响，结果表明，两者之间回归系数显著（$\gamma_1=0.128$，$p<0.01$），揭示了管理者认知对海外子公司市场能力构建的重要影响。管理者的认知能力是其识别国际市场机遇、评估竞争态势和制定战略决策的基础，具有高度认知的管理者能够准确把握市场动态，深刻理解客户需求，从而更有效地构建海外子公司的市场能力，并强化其在全球价值链中的地位，使其能够更好地响应市场变化，实现可持续发展。因此，管理者的高认知水平通过促进市场能力的构建，显著提高了海外子公司的市场表现和战略执行力。由此，假设 4 得到支持。

模型 6 利用回归方程(4. 21)检验管理者认知、市场能力构建对海外子公司战略角色演变的影响。结果表明，管理者认知的回归系数显著（$\mu_1=0.150$，$p<0.01$），小于表 4. 5 中模型 2 的回归系数，表明管理者认知水平不仅直接影响海外子公司战略角色演变，在加入市场能力构建这一中介变量后，这种影响仍然显著，进一步说明管理者认知对海外子公司战略角色演变具有独立的作用。同时，市场能力构建的回归系数显著（$\mu_2=0.075$，$p<0.05$），表明市场能力构建是管理者认知影响海外子公司战略角色演变的一个途径，管理者认知水平能够提高子公司市场能力构建，并进一步影响海外子公司战略角色的演变。具有高度认知的管理者能够准确把握市场动态，深刻理解客户需求，从而更有效地构建海外子公司的市场能力，不仅提升了海外子公司在当地市场的竞争力，也强化了其在全球价值链中的

地位，使其能够更好地响应市场变化，实现可持续发展。因此，管理者的高认知水平通过促进市场能力的构建，显著提高了海外子公司的市场表现和战略执行力。由此，假设 5 成立。

表 4.5 回归结果分析

变量	模型 1	模型 2	模型 3	模型 4	模型 5	模型 6
因变量	*SRE*	*SRE*	*IRI*	*SRE*	*MCB*	*SRE*
常数项	3. 134		2. 200	0. 247	2. 146	0. 314
控制变量						
Bdi	0. 215	0. 221	0. 241	−0. 142	0. 100	0. 115
Bsize	−0. 124**	−0. 097**	−0. 261**	0. 224*	0. 389*	0. 162*
Fasset	0. 161	0. 121	0. 266	−0. 611**	0. 091	0. 471**
Market	0. 423***	0. 393***	0. 523***	0. 422***	0. 581***	0. 382***
Operation	0. 314*	0. 270*	0. 280**	−0. 299***	−0. 082	0. 359***
自变量						
Cog		0. 166***	0. 112***	0. 156***	0. 128***	0. 150***
IRI				0. 089**		
MCB						0. 075**
R^2	0. 065	0. 065	0. 053	0. 072	0. 115	0. 069
F	5. 35**	5. 35**	5. 31*	6. 01***	9. 77**	7. 32***

第四节 研究结论

本章基于数据收集与论证，对管理者认知、创新资源投入、市场能力构建以及海外子公司战略角色演变的关系进行了研究分析，得出以下结论：

(1)在 EMNEs 中，高管对环境的认知对海外子公司战略角色的演变具有显著的正向影响。高管对外部环境的深刻理解以及对企业资源和能力的准确评估(李远辉，2015)，有助于识别外部环境中的机会与威胁(Teece，2018)，并据此制定适应性战略，从而推动海外子公司战略角色的积极演变（甄珍、王凤彬，2020）。这一发现凸显了高层管理者认知在跨国企业战略管理中的核心作用，为理解 EMNEs 如何借助高层管理者的认知能力来优化其全球战略布局提供了实证支持。尤其是在动态变化的全球市场中，高层管理者的认知能力成为企业获取竞争优势的关键资源。

（2）EMNEs 高管对外部不断变化的环境的认知，对子公司创新资源投入和市场能力构建具有正向影响。一方面，高水平的认知能力使高管能够有效感知并响应外部环境的变化（Eisenhardt and Martin，2000），从而提升海外子公司管理者的能力。这种能力的提升有助于管理者把握行业动态，优化决策过程，提高海外子公司的运营效率和市场竞争力（Barkema and Veugelers，2002）。另一方面，高水平的认知能力使高管能够更敏锐地感知和响应外部环境的变化（Eisenhardt and Martin，2000），这种敏感性对于构建子公司的市场能力至关重要。通过提升海外子公司管理者的能力，高管能够更好地把握行业动态，优化决策过程，提高海外子公司的运营效率和市场竞争力（Barkema and Veugelers，2002）。这些市场能力的提升有助于海外子公司在全球市场中更精准地定位自己，捕捉市场机会，并构建持久的竞争优势。

（3）海外子公司创新资源投入和市场能力构建对其战略角色演变具有正向影响。一方面，创新资源的投入增强了子公司的研发能力，使其在全球价值链中的地位得到提升（Cohen and Levinthal，1990）。另一方面，市场能力的构建，包括市场洞察力和品牌建设能力的提升，使海外子公司能够更好地适应和引领市场变化，增强其在全球市场中的竞争力（Kogut and Zander，1993）。这些能力的提升不仅加强了海外子公司的独立运营能力，也为整个跨国公司的全球战略贡献了新的价值和动力。

综上，本章揭示了 EMNEs 管理者认知、创新资源投入、市场能力构建与海外子公司战略角色演变之间的复杂关系，拓展了对 EMNEs 高层管理者认知与子公司战略角色演变之间关系的理解，为 EMNEs 如何通过提升管理者能力来优化全球战略布局提供了实证依据，强调了在全球化背景下高层管理者认知的重要性，具有重要的实践指导意义。

第五章

数智技术应用对海外子公司战略角色演变的影响机制研究

云计算、机器学习、人工智能（AI）和物联网（IoT）等数智技术的快速发展，打破了传统产业边界与地理距离限制，催生出跨境电商、数字服务、市场采购贸易等新业态、新模式（McKinsey Global Institute，2020；国家发展研究院，2022），数字化技术的应用正在重塑 EMNEs 传统商业模式（Volberda et al.，2021）。EMNEs 利用数智技术在国际市场中建立“新”连接（Luo，2022），帮助海外子公司快速洞察国际市场中的潜在机遇，并迅速做出战略资源调整的部署（Helfat et al.，2023），从而克服外来者劣势，助推海外子公司在东道国市场塑造独特竞争优势（Yeow et al.，2018），加速自身战略角色的设计、形成、调整与演变，甚至带动当地组织或产业生态系统演变（Adner et al.，2019；Vahlneand Johanson，2020）。然而，现有研究对海外子公司战略角色演变过程中的数智技术应用还局限于概念性探讨，缺乏相关的实证研究。基于此，本章节将通过构建假设模型和实证分析检验，系统且深入地探讨“数智技术的应用会如何影响 EMNEs 海外子公司战略角色演变?”这一问题，旨在阐明数智技术应用对海外子公司战略角色的影响机制及其中间路径，弥补现有研究对数智技术应用与海外子公司战略角色之间关系和具体作用路径探讨不足所造成的研究缺口。

第一节 理论分析与研究假设

一、数智技术应用与海外子公司战略角色演变

数智技术加速了 EMNEs 海外子公司的信息获取与信息处理进程，有利于海外子公司快速洞察国际市场中的潜在机遇，并依据复杂变化的市场环境重新部署战略资源，进而迅速在东道国市场建立竞争优势，助推海外子

公司在母公司整体战略中扮演更加关键和积极的角色。首先，数智技术的应用改变了资源连接方式：EMNEs 通过建立内部全球联网、资源管理系统、客户关系及数据管理平台等数智化系统，能够提高其内部沟通效率，简化创新流程，形成母公司与海外子公司及海外子公司间的"新"连接（Luo，2022；马鸿佳、王亚婧，2024）；同时，跨境电商平台、通信应用软件、技术开源平台、社交媒体平台等打破了物理距离限制，有助于海外子公司与国际市场供应商、产业生态伙伴及全球客户建立起跨国界、跨领域、跨边界的"新"连接（Samiee et al.，2021；Deng et al.，2021；Luo，2022）。其次，数智技术的应用会带来资源管理方式的改变：数智技术带来的需求个性化及需求快速迭代，会推动母公司及海外子公司内部资源管理方式向基础模块微粒化、可转移化方向发展，从而帮助海外子公司更灵活地应对不同东道国市场的需求差异和需求变化（李元旭、王宇露，2010；Sturgeon，2021；Chang and Matsumoto，2022）；同时，数智化情境下资源的碎片化以及合作的无边界性，推动 EMNEs 外部合作网络向弱链接、松耦合的平台或生态系统形态转变（赵晓阳等，2024），网络内价值创造机制转向共创共享，有利于海外子公司扩大资源获取范围并提高资源利用效率，进而实现自身创新能力和竞争优势的构建（Nambisan and Luo，2021；Shi et al.，2023）。基于此，提出本章的假设 1：

H1：数智技术应用对海外子公司战略角色演变具有正向促进作用。

二、组织敏捷性的中介作用分析

动态能力理论指出，企业在面对环境变化时，需要具备快速创新和将资源重新部署到更高收益活动中的能力，这种能力就是组织敏捷性（Teece et al.，2016）。组织敏捷性要求企业不仅要注重业务流程的灵活性，即通过内部业务流程的改进和优化满足外部需求变化的能力；还要注重产品服务的创新性，即通过持续监控和快速改进产品或服务来满足客户需求，具有快速响应市场需求变化的能力（Lu and Ramamurthy，2011；李雪灵等，2024）。

EMNEs数智技术应用有助于提升海外子公司的业务灵活性和需求响应速度，进而提升海外子公司的组织敏捷性。首先，从母公司应用数智技术的角度而言，母公司能够借助数智技术构建更为扁平化的组织结构，而这种结构有利于减少组织层级，加快信息传递和信息处理速度，使得母公司的战略决策能够更迅速地传达至海外子公司（Luo，2022；Shi et al.，2023）。同时，母公司利用数智技术提供的模块化、平台化设计方案，允许海外子公司根据自身的具体需求，灵活调整运营模式和业务流程，能够提升海外子公司资源配置效率，有助于海外子公司更灵活、快速地适应复杂多变的国际市场环境（罗兴武等，2024）。其次，从海外子公司应用数智技术的角度而言，数智化平台为信息交换提供了高效渠道，有利于海外子公司快速获取并处理信息，进而提升自身运营效率，更迅速地响应东道国市场变化和用户需求，显著提高海外子公司的组织敏捷性。而且数智技术不仅为海外子公司提供了更多资源获取渠道，还能够帮助海外子公司创建知识库，有利于企业快速将知识部署到相关的业务流程或价值创造活动中，进而有效提升企业的抗风险能力和组织敏捷性（吴晓云、陈鹏飞，2015）。基于此，提出本章的假设2：

H2：数智技术应用对组织敏捷性具有正向促进作用。

组织敏捷性能够加速海外子公司战略角色的形成和演变，主要体现在子公司自身知识和能力水平、对母公司战略重要性以及在东道国的市场地位三方面。第一，提升组织敏捷性有利于海外子公司获取、整合并创造知识。敏捷的组织结构有助于子公司与母公司、其他子公司及合作伙伴之间的知识共享与转化（Christofi et al.，2021），并将获取的知识转化为实际应用，在新领域中快速构建所需能力，在国际市场中形成独特竞争优势，从而在母公司的整体战略布局中扮演更关键的角色。第二，较高的组织敏捷性能够提升海外子公司对于母公司的战略重要性。具有敏捷组织结构的海外子公司能够更好地与母公司战略协同，快速响应母公司战略调整，从而在母公司全球战略中占据更重要的位置，其对母公司的战略重要性相应提升（Tarba et al.，2023）。第三，组织敏捷性的提升有助于海外子公司快速打开东道国市场并占据优势地位。组织敏捷性使海外子公司能够快速识别并适应东道国市场的变化，如消费者需求、政策法规、竞争态势等。这有助于海外子公司迅速调整战略方向和业务模式（Hughes and Chandy，2021），快速响应东道国市场需求，更好地把握市场机遇，进而在东道国市场建立领先优势。基于此，提出本章的假设 3：

H3：组织敏捷性对海外子公司战略角色演变具有正向促进作用。

数智技术的应用能够带动组织结构向多层级模块结构化、组织模块微粒化以及组织架构平台化转变（Yoo et al.，2012；魏江等，2021），使得海外子公司能够实现“任务模块化”“去中介化”和“去中心化”，组织系统由封闭走向开放、创新资源由正式控制转向非正式控制（Gawer，2021）。这种转变有利于海外子公司更精准地识别东道国的市场需求和创新机遇（Kumaraswamy et al.，2018），并且更灵活、快速地获取和整合资源，提高对客户需求变化的响应速度（Hughes and Chandy，2021），从而提升海外子公司的组织敏捷性。而组织敏捷性的提升又能够助推海外子公司更好地执行母公司的战略决策，进而加速海外子公司战略角色的设计、形成、调整与演变。结合假设 2 和假设 3 预测的作用关系，本书认为组织敏捷性不仅是数智技术应用的直接结果，更是海外子公司战略角色演变的重要推动力，能够在数智技术与海外子公司战略角色演变之间发挥重要中介作用，即数智技术应用能够通过提高海外子公司的组织敏捷性，促进其战略角色演变。基于此，提出本章的假设 4：

H4：组织敏捷性在数智技术应用与海外子公司战略角色演变之间起中介作用。

三、环境动荡的调节作用分析

在当前国际竞争加剧且颠覆性创新快速涌现的现实情境下，海外子公司想要在动荡的环境中保持竞争优势，应最大化地利用母公司提供的数智技术，提高自身的数据获取和整合能力、加速决策流程、降低交易成本、缩短组织对外部环境的响应时间、提高组织学习效率、促进组织结构变革、促进组织间专有资产的共享等(Fink and Neumann, 2007; 吴晓云、陈鹏飞, 2015), 进而更快速地感知外部环境的变化并灵活配置战略资源, 提升海外子公司运营调整和客户响应敏捷性。因此, 当海外子公司面临高度不确定且快速变化的东道国环境时, 更倾向于借助数智技术支持, 建立具有高度敏捷性的组织结构, 以敏锐感知东道国市场变化并快速响应。基于此, 提出本章的假设5:

H5: 环境动荡正向调节数智技术应用和组织敏捷性之间的关系。

在当前逆全球化浪潮持续冲击且技术更新迭代加速的现实情境下, EMNEs 面临着前所未有的环境动荡(Petricevic and Teece, 2019; Luo and Witt, 2022; Meyer et al., 2023)。在这种情况下, 具备敏捷性组织结构的海外子公司能够更快速地把握潜在市场机遇, 迅速做出战略资源调整, 快速响应动态复杂变化的市场需求(Dickler et al., 2022), 进而在高度动荡的环境中更有效地发挥其战略价值, 帮助母公司快速构建全球竞争优势。所以, 组织敏捷性对处于高度动荡环境中的海外子公司来说更为重要, 因为组织敏捷性能够帮助海外子公司快速适应变化、把握机遇、降低风险, 进而在高度不确定的国际市场中建立起领先地位, 实现战略角色快速演进。基于此, 提出本章的假设6:

H6: 环境动荡正向调节组织敏捷性和海外子公司战略角色演变之间的关系。

综上所述, 本章的理论研究模型如图5.1所示。

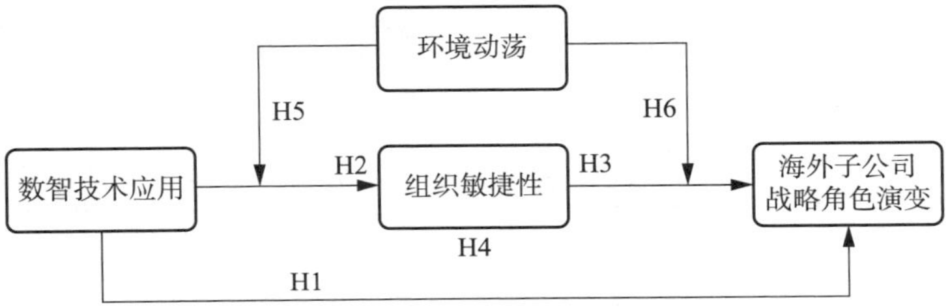

图5.1 数智技术应用对海外子公司战略角色演变的影响研究模型

第二节 研究设计

一、变量设计

1. 解释变量

本书在测度母公司的数智技术应用情况（*DIT*）时，参考了吴非等（2021）对数字技术应用及姚加权等（2024）对人工智能技术应用的测量方法，采用了基于关键词的文本分析方法。具体步骤如下：

（1）建立种子词：在学术方面，本章参考了一系列以数字化转型、数字技术、人工智能技术为主题的经典文献（Chen and Srinivasan；2020；吴非等，2021；姚加权等，2024），归纳出有关数智技术应用的特定关键词；在政策文件和研究报告方面，以《中小企业数字化赋能专项行动方案》《2020年数字化转型趋势报告》《2019年人工智能行业现状与发展趋势报告》《科创板系列——AI产业链全景图》以及近年《政府工作报告》为蓝本，进一步扩充词库。

（2）确定数智技术关键词词库：一方面，从种子词中剔除“没”“无”“不”等否定意义的词语表述；另一方面，参考Li等（2021）的研究，利用Python软件中的Word2vec技术，对种子词进行语料训练，并依据余弦相似度，从输出词语中筛选出6~8个语义相近的词汇，最终形成了表5.1的关键词词库。

（3）计算关键词词频：基于已经确定的数智技术关键词词库，对企业年报进行关键词检索、匹配和统计，得到数智技术相关词汇的出现频次，以此作为母公司数智技术应用的代理变量。

表5.1 数智技术关键词词库

维度	关键词
数字技术	大数据、文本挖掘、数据挖掘、数据可视化、异构数据、大数据分析、大数据管理、大数据处理、云计算、流计算、图计算、内存计算、多方安全计算、类脑计算、绿色计算、认知计算、边缘计算、分布式计算、物联网、区块链、信息物理系统

续表

维度	关键词
数字技术运用	征信、数字货币、电子商务、移动支付、第三方支付、NFC 支付、移动互联网、工业互联网、移动互联、互联网医疗、互联网金融、大数据营销、大数据风控、大数据平台、大数据运营、B2B、B2C、C2B、C2C、O2O、网联、数字金融、金融科技、量化金融、开放银行、数字营销
人工智能技术	人工智能、智能芯片、AI 芯片、智能机器人、机器人流程、机器学习、深度学习、强化学习、神经网络、智能数据分析、知识图谱、计算机视觉、图像识别、生物识别、特征识别、特征提取、人脸识别、声纹识别、身份验证、模式识别、语音识别、语义搜索、自然语言处理、问答系统、语音交互、人机对话、人机交互、人机协同、长短期记忆(LSTM)
人工智能技术运用	AI 产品、智能体、可穿戴产品、智能传感器、自动驾驶、无人驾驶、语音合成、智能搜索、商业智能、智能客服、智能教育、智能政务、智能养老、智慧银行、智慧金融、智能家居、智能医疗、智慧农业、智能运输、智能交通、智能监管、智能翻译、智能能源、智能穿戴、智能环保、智能电网、智能营销、无人零售、增强现实、虚拟现实

2. 被解释变量

海外子公司战略角色演变(*SRE*)。为保障研究的连贯性和一致性，本章对于海外子公司战略角色演变的测量与第四章相同，主要从海外子公司对于母公司的战略重要性、海外子公司的盈利能力、海外子公司所在东道国市场重要性三个维度对海外子公司战略角色进行测度，并使用海外子公司战略角色的同比变化率来衡量海外子公司战略角色演变。

3. 中介变量

海外子公司的组织敏捷性(*OA*)。组织敏捷性是指企业在面对环境变化时，将资源快速重新部署至更高收益活动中的能力(Teece et al.，2016)。资产周转率是公司资产管理效率、资源重新配置能力的重要体现。资产周转越快，表明公司的运营效率越高，也间接反映了公司对客户需求变化的响应速度越快。因此，本书参考李梅等(2022)的研究，海外子公司的组织敏捷性以海外子公司当年净资产周转率进行测度，该指标从整体上反映了海外子公司的资产运用效率。计算公式如下：

$$OA=\frac{\text{营业收入}}{(\text{期初净资产总额}+\text{期末净资产总额})/2} \tag{5.1}$$

4. 调节变量

环境动荡（ET）。海外子公司的经营活动会受到国家间关系、制度环境等因素影响，因此东道国市场环境的动荡会影响海外子公司战略角色演变。基于此，本书参考已有研究（Ghosh and Olsen，2009；邓新明等，2024；罗彪等，2024），海外子公司所在东道国市场环境动荡程度的测量，采用海外子公司近5年非正常销售收入的变化系数并经其所在国家调整后的值来描述。具体计算步骤如下：

首先，计算海外子公司的非正常收入。以最小二乘法（OLS）估算出海外子公司的非正常收入（ε）。估算公式为：

$$\text{海外子公司销售收入}=\varphi_0+\varphi_1 YEAR+\varepsilon \tag{5.2}$$

其中，$YEAR$ 为年度变量，φ_0 为常数项，系数 φ_1 可以解释当其他情况不变时，$YEAR$ 每变化1单位带来的海外子公司销售收入变化值，随机误差项 ε 则为非正常收入部分。

其次，计算未经国家调整的东道国市场环境动荡程度。为了计算海外子公司非正常收入的变化系数，需要计算其过去5年非正常销售收入的标准差（δ），并将其除以过去5年非正常销售收入的平均值（$\bar{\varepsilon}$）。这一步可以得到海外子公司未经调整的环境动荡系数（et）。具体计算公式为：

$$\delta=\sqrt{\sum_{t=1}^{5}(\varepsilon_t-\bar{\varepsilon})^2/5} \tag{5.3}$$

$$et=\frac{\delta}{\bar{\varepsilon}} \tag{5.4}$$

其中，ε_t 为企业在第 t 年的非正常销售收入。

最后，计算经国家调整的东道国市场环境动荡程度。利用所有样本企业的环境动荡程度的中位数作为其所在东道国的环境动荡程度（Z），然后用海外子公司未经国家调整的环境动荡系数（et）除以其所在东道国的环境动荡程度（Z），由于各个东道国环境差异较大，因此进行对数调整，得到

调整后的东道国市场环境动荡值(*ET*)。计算公式为:

$$ET = \ln \frac{et}{Z} \tag{5.5}$$

5. 控制变量

根据相关研究,选取公司规模(*SIZE*,海外子公司期末总资产取对数)、企业成长能力(*GC*,海外子公司当年的营业收入增长率)为控制变量。

各变量描述具体如表 5.2 所示。

表 5.2 变量描述

变量类型	变量	变量名称	变量描述
被解释变量	*SRE*	海外子公司战略角色演变	海外子公司战略角色的同比变化率
解释变量	*DIT*	数智技术应用	公司年报中出现数智技术关键词的频数
中介变量	*OA*	海外子公司组织敏捷性	海外子公司当年资产周转率
调节变量	*ET*	环境动荡	海外子公司近 5 年非正常销售收入的变化系数并经其所处国家调整后的值
控制变量	*SIZE*	公司规模	海外子公司期末总资产取对数
	GC	企业成长能力	海外子公司当年的营业收入增长率

二、数据来源

本章选取 2010—2021 年我国沪深两市中至少拥有一家海外子公司的上市企业为研究样本,原始数据来自 Wind 数据库、国泰安数据库(CSMAR)以及上市公司在深圳证券交易所、上海证券交易所官方网站提供的年报数据。具体数据收集步骤如下:首先,从 Wind 数据库和国泰安数据库中获取上市公司及其海外子公司的基本信息。其次,在《境外投资企业(机构)名录》中检索出这些企业海外子公司的相关信息,对缺失的数据进行补充完善。最后,利用 Python 软件的爬虫技术,归集企业年报中关于"数智技术”的关键词（吴非等，2021）。

在此基础上本章对原始数据进行了如下处理：第一，剔除了金融类、在考察年限中进行 IPO、ST 以及这期间退市的企业样本；第二，剔除了信息传输、软件和信息技术服务业以及科学研究和技术服务行业，因为此类企业天生使用云计算、大数据以及人工智能技术并披露相关信息，可能无法清楚判断这些企业应用数智技术对其海外子公司战略角色演变的影响；第三，根据海外子公司的注册地区，剔除了在开曼群岛、阿拉伯联合酋长国、英属维尔京群岛、百慕大群岛等免税地区以避税为目的投资设立的海外子公司（陈衍泰等，2016）；第四，剔除了缺失关键数据的样本，并对所有微观层面的连续变量进行 1% 和 99% 的缩尾处理，以减少异常值影响。最终研究样本由 212 家海外子公司构成，共 1696 条观测值。

三、模型构建

为研究数智技术应用对海外子公司战略角色演变的影响，根据研究假设，设定如下研究模型：

$$SRE=\beta_0+\beta_1 DIT+\beta_2 SIZE+\beta_3 GC+\varepsilon \tag{5.6}$$

$$OA=\beta_0+\beta_1 DIT+\beta_2 SIZE+\beta_3 GC+\varepsilon \tag{5.7}$$

$$SRE=\beta_0+\beta_1 OA+\beta_2 SIZE+\beta_3 GC+\varepsilon \tag{5.8}$$

$$SRE=\beta_0+\beta_1 DIT+\beta_2 OA+\beta_3 SIZE+\beta_4 GC+\varepsilon \tag{5.9}$$

$$OA=\beta_0+\beta_1 DIT+\beta_2 ET+\beta_3 SIZE+\beta_4 GC+\varepsilon \tag{5.10}$$

$$OA=\beta_0+\beta_1 DIT+\beta_2 ET+\beta_3 DIT\times ET+\beta_4 SIZE+\beta_5 GC+\varepsilon \tag{5.11}$$

$$SRE=\beta_0+\beta_1 OA+\beta_2 ET+\beta_3 SIZE+\beta_4 GC+\varepsilon \tag{5.12}$$

$$SRE=\beta_0+\beta_1 OA+\beta_2 ET+\beta_3 OA\times ET+\beta_4 SIZE+\beta_5 GC+\varepsilon \tag{5.13}$$

其中，被解释变量为海外子公司战略角色演变（*SRE*），核心解释变量为数智技术应用（*DIT*），中介变量为组织敏捷性（*OA*），调节变量为环境动荡（*ET*），*DIT*×*ET* 为数智技术应用与环境动荡的交互项，*OA*×*ET* 为组织敏捷性与环境动荡的交互项，*SIZE* 和 *GC* 为控制变量，ε 为模型随机误差项。模型（5.6）用于检验 H1；模型（5.7）用于检验 H2；模型（5.8）用于检验 H3；模型(5.9)用于检验 H4；模型(5.11)用于检验 H5；模型(5.13)用于检验 H6。

第三节 实证分析

一、描述性统计

描述性统计结果如表 5.3 所示。海外子公司战略角色演变的均值为 7.606，标准差为 73.096，这表明海外子公司的战略角色变动较大且存在明显差异。我国上市公司年报中，数智技术相关词出现频数的均值为 9.642，标准差为 12.506，且最小值和最大值分别为 0.000 和 62.000。这些数据表明，尽管近年来数智技术逐渐在企业中普及，但仍处于较低水平，且各企业间数智技术应用情况的差异较大。海外子公司的资产周转率均值为 0.486，标准差为 0.529，且最小值和最大值分别为 0.003 和 2.568，处于较为正常的资产周转率范围，但差异较大，表明海外子公司的组织敏捷性差异较大，可以作为中介变量。东道国市场环境动荡情况的最小值和最大值分别为-4.605和 4.453，说明各个东道国的市场环境差异较大，可以作为调节变量。

表 5.3 主要变量的描述性统计

变量	样本数	均值	标准差	最小值	最大值
SRE	1696	7.606	73.096	-104.122	591.461
DIT	1696	9.642	12.506	0.000	62.000
OA	1696	0.486	0.529	0.003	2.568
ET	1696	1.685	1.807	-4.605	4.453
SIZE	1696	18.870	1.799	14.705	22.568
GC	1696	-0.054	6.917	-33.538	37.628

二、相关性分析

为了对变量间关系有初步了解，本章首先对主要变量进行相关性分析，各变量相关系数及 VIF 值如表 5.4 所示。可以看到，各变量的 VIF 值均远低于 10，且模型中被解释变量、解释变量和控制变量相关性系数均低于 0.5，表明各变量间不存在严重的多重共线性问题。

表 5.4　主要变量的相关性分析

变量	*SRE*	*DIT*	*OA*	*ET*	*SIZE*	*GC*	VIF
SRE	1.000						1.71
DIT	0.307***	1.000					2.76
OA	0.179***	0.070	1.000				2.74
ET	0.198***	0.099**	0.497***	1.000			1.01
SIZE	0.132***	0.007	0.013	0.01	1.000		1.01
GC	0.008	0.008	0.014	0.019	−0.093*	1.000	1.01

三、主效应与中介效应检验

主效应与组织敏捷性的中介效应检验如表 5.5 所示。模型 1 用于检验主效应，即数智技术应用对海外子公司战略角色演变的影响。结果显示，自变量系数显著为正（$\beta_1 = 2.347$，$p \leqslant 1\%$），表明数智技术应用能够推动海外子公司战略角色演变，H1 得到支持。

表 5.5 中模型 2、模型 3、模型 4 用于检验组织敏捷性的中介效应。首先，模型 2 检验组织敏捷性对海外子公司战略角色演变的影响，组织敏捷性的系数显著为正（$\beta_1 = 51.413$，$p<1\%$），表明组织敏捷性能够促进海外子公司战略角色演变，H3 得到支持。其次，模型 3 检验数智技术应用对组织敏捷性的影响，结果显示自变量系数显著为正（$\beta_1 = 0.014$，$p<1\%$），这表明随着数智技术应用程度提升，组织敏捷性显著提高，H2 得到支持。模型 4 检验组织敏捷性对数智技术应用和海外子公司战略角色演变的中介效

应，组织敏捷性的系数显著为正($\beta_2 = 36.988$，$p<1\%$)，且数智技术应用的系数仍然显著为正($\beta_1 = 1.842$，$p<1\%$)，但系数与显著性水平均与模型1相比有所降低，表明组织敏捷性在数智技术应用和海外子公司战略角色演变之间起到了部分中介作用，H4得到支持。

表5.5 主效应与组织敏捷性的中介效应检验

变量	*SRE*	*SRE*	*OA*	*SRE*
	模型1	模型2	模型3	模型4
DIT	2.347*** (0.376)		0.014*** (0.002)	1.842*** (0.390)
OA		51.413*** (9.089)		36.988*** (9.341)
SIZE	-11.554 (7.908)	-13.083 (7.997)	0.058 (0.044)	-13.692* (7.768)
GC	-0.247 (0.492)	-0.255 (0.497)	0.002 (0.003)	-0.336 (0.483)
_ *cons*	202.997 (149.161)	229.488 (150.658)	-0.736 (0.832)	230.222 (146.323)
N	1696	1696	1696	1696
Adjusted R^2	0.102	0.086	0.115	0.141

四、调节效应检验

环境动荡的调节效应检验如表5.6所示。首先，表5.6中模型1和模型2用于检验环境动荡在数智技术应用与组织敏捷性之间的调节作用。模型1检验数智技术应用和环境动荡对组织敏捷性的影响。模型2将数智技术应用、环境动荡以及二者的交互项纳入模型中进行回归分析，从而发现环境动荡和数智技术应用的交互项系数在10%水平下显著为正，这表明环境动荡正向调节了数智技术应用与组织敏捷性之间的关系，H5在10%置信水平下得到支持。

其次，表5.6中模型3和模型4用于检验环境动荡在组织敏捷性与海外子公司战略角色演变间的调节作用。模型 3 检验组织敏捷性和环境动荡对海外子公司战略角色演变的影响。模型 4 将组织敏捷性、环境动荡以及二者的交互项纳入模型中进行回归分析，发现环境动荡和组织敏捷性的交互项系数在 1%水平下显著为正，这表明环境动荡正向调节了组织敏捷性与海外子公司战略角色演变之间的关系，H6 得到支持。

表 5.6　环境动荡的调节效应检验

变量	*OA*		*SRE*	
模型	模型 1	模型 2	模型 3	模型 4
OA			51.238*** (9.075)	23.531** (11.945)
DIT	0.014*** (0.002)	0.012*** (0.002)		
ET	−0.004 (0.013)	−0.022 (0.016)	−3.290 (2.263)	−9.570*** (2.862)
DIT×ET		0.001* (0.001)		
OA×ET				14.737*** (4.217)
SIZE	0.058 (0.044)	0.056 (0.044)	−12.939 (7.985)	−10.867 (7.884)
GC	0.002 (0.003)	0.002 (0.003)	−0.329 (0.499)	−0.285 (0.491)
_ *cons*	−0.732 (0.833)	−0.658 (0.830)	232.403 (150.435)	203.297 (148.335)
N	1696	1696	1696	1696
Adj. R^2	0.116	0.125	0.092	0.122

第四节 研究结论

本章通过系统梳理现有研究中数智技术应用与海外子公司战略角色演变之间的关系、数智技术应用与组织敏捷性之间的关系、组织敏捷性对海外子公司战略角色演变的影响，以及环境动荡的调节作用，构建研究模型。在此基础上本章选取2010—2021年我国沪深两市中至少拥有一家海外子公司的上市企业为研究样本，利用Wind、国泰安等数据库，结合Python软件的爬虫技术，完成数据收集。同时根据现有研究整理出对海外子公司战略角色演变、数智技术应用、组织敏捷性和环境动荡4个关键变量的测量方式，完成研究设计。在对所得数据进行描述性分析和相关性分析的基础上，本章对研究假设进行实证检验，得出以下结论：

首先，数智技术应用对海外子公司战略角色演变具有显著正向影响。数智技术不仅提高了EMNEs内部沟通效率，还打破了产业边界和物理距离限制，能够帮助海外子公司在国际市场中建立起“新”连接（Luo，2022），有利于海外子公司扩大资源获取范围、提高资源利用效率，从而更灵活地应对东道国市场的需求变化（Chang and Matsumoto，2022），进而实现自身能力和竞争优势的构建（Nambisan and Luo，2021；Shi et al.，2023），在母公司整体战略中扮演更关键的角色。然而，现有数字化研究主要聚焦于跨国公司的母公司视角，尚未考虑到数智技术在海外子公司战略角色形成与演变过程中发挥的重要推动作用（Yeow et al.，2018；Adner et al.，2019；Helfat et al.，2023）。本章基于数字化情境，探明了数智技术应用对海外子公司战略角色演变的促进作用，从而对数智化相关研究和海外子公司战略角色演变相关研究做出贡献。

其次，数智技术应用显著正向影响海外子公司的组织敏捷性；海外子公司的组织敏捷性显著正向影响其战略角色演变；海外子公司的组织敏捷性在数智技术应用与其战略角色演变间发挥部分中介作用。数智技术应用能够加快信息传递和信息处理进程，提升海外子公司资源配置效率和运营效率(Matt et al.，2015；Shi et al.，2023)，从而有助于海外子公司更灵活、更迅速地应对东道国市场的复杂变化(罗兴武等，2024)，显著提升其组织敏捷性。海外子公司的组织敏捷性能够帮助其快速构建所需能力(Christofi et al.，2021)，及时响应母公司战略调整(Tarba et al.，2023)，迅速打开东道国市场并占据优势地位，从而在母公司的整体战略布局中扮演更关键的角色。综上所述，数智技术应用能够通过提高海外子公司的组织敏捷性(吴晓云、陈鹏飞，2015；Hughes and Chandy，2021)，促进其战略角色正向演变。研究结论从组织敏捷性视角打开了数智技术应用影响海外子公司战略角色演变的中间机制，是对“数智技术应用如何影响海外子公司战略角色演变”这一研究问题的有效回答。

最后，环境动荡正向调节了数智技术应用与组织敏捷性之间的关系；环境动荡正向调节了组织敏捷性与海外子公司战略角色演变之间的关系。在环境动荡性较高的情况下，海外子公司一方面会更趋向于借助数智技术，建立起高度敏捷性的组织结构，以快速感知环境变化并配置战略资源(Fink and Neumann，2007；吴晓云、陈鹏飞，2015)；另一方面会利用自身组织敏捷性快速响应动态复杂变化的市场需求(Dickler et al.，2022)，在高度动荡的环境中快速构建全球竞争优势，进而发生战略角色演变。这一研究结论揭示了环境动荡对数智技术应用与组织敏捷性之间关系的调节作用，以及环境动荡对组织敏捷性与海外子公司战略角色演变之间关系的调节作用，为组织敏捷性相关研究做出贡献。

第六章

海外子公司战略角色演变对母子公司绩效的效应机制研究

随着EMNEs国际化战略的不断深入，海外子公司的战略角色从简单的执行者转变为积极参与母公司决策的领导者，在母公司全球战略中的地位也越来越重要，逐渐由母公司知识和技术的接收者转变为创造贡献者。它们不再仅仅是母公司全球业务的延伸，更成为母公司创新和竞争力的重要来源，能够为母公司贡献新的技术和产品，并且根据当地市场的特点和需求，为母公司提供定制化的解决方案。这种角色的转变不仅能影响子公司自身的绩效，还会对母公司绩效产生深远的影响。然而，现有研究对于海外子公司战略角色演变会对其自身以及母公司的绩效产生何种影响缺乏深入探讨。因此，本章将从海外子公司自身以及母公司两个层面探讨海外子公司战略角色演变的效应机制：从海外子公司层面来看，我们将分析其如何通过提升其在母公司全球战略中的地位和影响力，来影响自身的财务绩效；从母公司层面来看，我们将探讨海外子公司如何通过更好地利用角色的演变来创造本地优势和提升创新能力，进而为母公司全球化战略的实施以及财务绩效的提升做出重要贡献。通过深入分析这些效应机制，可以更好地理解海外子公司在全球战略中所扮演的角色，以及探明母公司应该如何有效地管理和利用这些海外子公司，进而实现EMNEs的长期发展与成功。

第一节 理论分析与研究假设

一、海外子公司层面

1. 海外子公司战略角色演变与自身绩效

随着数字化、智能化等新技术的广泛应用，以及贸易争端及逆全球化现象的不断涌现，国际市场的竞争与动荡会带来更高的风险与不确定性，越来越多的海外子公司开始积极调整或重塑其战略角色，以应对国际市场的挑战，进而增强在东道国市场中的主动性与适应性，提高运营效率，不断进行战略价值创造（Alharbi et al.，2016；Ferraris et al.，2017；Balogun et al.，2019；Alofan et al.，2020；De Beule and Van Beveren，2019；Moon et al.，2020；Lee et al.，2020）。海外子公司战略角色的演变使它们从简单的指令执行者转变为具有一定决策权的战略参与者。具体而言，首先，海外子公司战略地位的提升，有助于其资源获取与配置能力的提升，使其能够从东道国获取并利用发展所需的关键知识和资源（Luo and Tung，2007；Awate et al.，2015），减少对母国的资源依赖，降低从母国获取关键知识、资源的财务与时间成本（Sun et al.，2012；Santangelo and Meyer，2017），从而提升资源利用效率。其次，这种转变赋予了子公司更大的灵活性和响应速度，使其能够根据当地市场的具体需求和变化，快速调整业务策略和运营模式。海外子公司因此能够更有效地捕捉海外市场机会，提高市场份额和客户满意度，从而直接提升其财务表现和市场竞争力。此外，海外子公司战略地位的逐渐提升，不仅增强了其自主决策权（Cavanagh et al.，2017；王娜、王永贵，2017；Galli Geleilate et al.，2019），也提高了其在全球价值链中的地位，从而能够在创新和产品开发方面具有更高的自主性，有助于其开发出更符合当地市场特性的产品和服务，进一步巩固其市场地位，提高盈利能力。基于此，本章提出假设1：

H1：海外子公司战略角色的演变对海外子公司自身的财务绩效具有显著正向影响。

2. 海外子公司吸收能力的调节作用

吸收能力是指企业基于现有的知识识别外部信息的价值，并将吸收和转化的知识应用于企业自身能力的提高（潘宏亮，2018），包括知识的取得、消化、转型和利用等四种能力（罗珉、刘永俊，2009）。吸收能力能够促进海外子公司对内外部知识进行高效的整合和利用（庞博等，2019），帮助子公司更有效地利用从海外获取的技术资源，提高资源利用率。具有较强吸收能力的企业更愿意向合作伙伴学习、整合外部信息并将其转化为企业的嵌入知识(Catherine and Pervaiz, 2007),可以维持企业的可持续竞争优势(Woiceshyn and Daellenbach, 2005)。吸收能力较强的海外子公司,一方面能够高效吸收、整合和利用在东道国市场获得的知识、技术等创新资源(Daghfous, 2004),并将其转化为自身资源(杨林, 2020);另一方面能够有效缩短创新研发的时间,提高知识转化率与创新效率,降低研发与创新成本,进而促进企业绩效的提升(刘学元等, 2016)。此外,吸收能力还影响企业对外部环境变化的敏感性和反应速度,吸收能力较强的海外子公司能够快速吸收和应用新知识,以适应快速变化的东道国市场和技术环境。海外子公司在进行战略角色调整时,需要通过吸收来自东道国市场、母公司以及其他子公司的知识和技术,来提高自身的运营效率和创新能力。因此,吸收能力对于内部知识转移至关重要,吸收能力较强的海外子公司能够更有效地利用获取到的资源,加速知识和技术的内部流动,更快地将新知识转化为商业价值,进而在财务绩效上实现更高的回报,并提升其在东道国市场中的战略地位。基于此,本章提出假设2:

H2:海外子公司的吸收能力正向调节海外子公司战略角色演变与海外子公司自身的财务绩效之间的关系。

3. 海外子公司适应能力的调节作用

适应能力是指企业辨别和利用市场机会的能力,是一种复杂而多方面的能力(Tuominen et al., 2004),它反映了企业根据市场预期进行变更的反应能力和灵活性(Eshima and Anderson, 2017),有助于提升企业的竞争力(Lu and Beamish, 2001)。有研究表明,适应能力较强的海外子公司一方面能够快速适应东道国的市场、文化、法律和商业习惯等(Teece, 2007),克服"外来者劣势",从而更好地融入当地市场;另一方面往往更擅长使内部组织因素与外部环境因素保持一致(Wang and Ahmed, 2007),能够根据东道国环境的变化快速对组织的文化、规则和系统进行战略调整,减少文化冲突和运营风险,并将海外子公司自身嵌入到东道国的社会网络中,与东道国市场利益相关者建立可信赖的网络嵌入关系,进而更有效地利用当地资源和市场优势,快速识别和捕捉新的战略机遇。海外子公司在进行战略角色演变时，需要从单一职能的执行者转变为承担更多市场开发和创新任务的战略领导者，既涉及对资源配置、商业模式以及组织形式等多方面的战略调整，又容易受到环境不确定性的影响，需要有更大的战略灵活性和适应能力来弥补其局限性（Lu et al.，2010）。因此，本章假设，适应能力较强的海外子公司在从战略执行者转变成战略领导者时，能够更快速地适应东道国市场，有针对性地对现有的商业模式和组织形式进行调整，从而充分发挥角色职能（如向母公司提供战略资源或收益利润等），赢得母公司的信任或注意力，提升其在海外市场的自主权、活跃度和竞争力（Najafi-Tavani et al.，2014；Hendriks et al.，2018），更有助于海外子公司自身绩效的提升。基于此，本章提出假设3：

H3：海外子公司的适应能力正向调节海外子公司战略角色演变与海外子公司自身的财务绩效之间的关系。

综上所述，为探明海外子公司战略角色演变对其自身绩效的效应机制，并剖析海外子公司的吸收能力、适应能力如何调节“海外子公司战略角色演变—海外子公司自身绩效”的关系，本章拟构建海外子公司战略角色演变对其自身绩效的效应机制模型（如图6.1所示）。

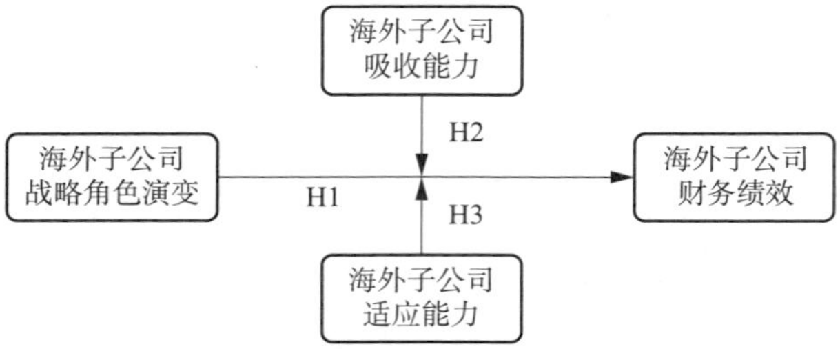

图6.1 海外子公司战略角色演变对其自身绩效的效应机制

二、母公司层面

1. 海外子公司战略角色演变与母公司绩效

海外子公司在执行全球战略中扮演更加重要的角色，且其战略角色的演变对母公司绩效的影响是多维度的。首先，海外子公司的成功运营和良好绩效能够为母公司带来直接的经济利益，随着海外子公司战略领导力的提升，子公司能够在东道国获取更多的合法性资源，进而帮助母公司获得合法性（Zhang et al.，2017；Balogun et al.，2019；Peng and Beamish，2019），克服外来者或者新进入者劣势（魏江等，2020），且有助于母公司借鉴国外优秀的营销和管理经验，扩展产品的海外销售市场（Driffield et al.，2016；Gutierrez-Huerter O et al.，2019），提升母公司的品牌形象和市场声誉，吸引更多的投资者和合作伙伴，为母公司带来新的商业机会，进而增强母公司在全球市场的竞争力。

其次，海外子公司的战略角色演变有助于母公司实现全球战略的协同，子公司能够更有效地支持母公司的全球业务扩张和市场渗透，帮助母公司实现资源的最优配置和分散风险，同时可以通过资源获取、知识转移、网络嵌入等举措，提升母公司的财务绩效（Asakawa et al.，2018；Nair et al.，2018）。具体而言，海外子公司在发挥其积极的战略领导作用时，可能为其他海外子公司带来新的机会、知识等各类企业成长、发展所需的关键资源，通过资源共享和协同效应，提升其他海外子公司的竞争力和绩效。另外，当海外子公司成为战略领导者时，也可能会采取更具侵略性的市场策略，如价格竞争、产品创新和市场营销活动，对其他海外子公司构成更大的竞争压力，进而改变行业内的竞争格局。这种压力可能会迫使其他海外子公司提高自身的运营效率，加大研发投入，或者寻求战略联盟和合作，以保持竞争力，不断提升企业自身绩效，进而贡献于母公司绩效。

此外，研究表明 EMNEs 常采取“跳板策略”在海外成立子公司，开展并购、合资或建立研发机构等，具有明显的资源搜寻与机会捕获倾向（Luo and Tung，2007；Awate et al.，2015），目的是获取战略资源（Kedia et al.，2012），并将资源流转至母公司（Nair et al.，2015）。由于海外子公司是 EMNEs 重要的分支机构，是其资源获取与能力开发的重要渠道，随着海外子公司战略角色的演变，子公司的逆向知识转移能够丰富母公司的知识库，直接提供 EMNEs 创新所需的知识资源，促进母公司的技术进步和产品创新，提升母公司的创新能力（Yamin and Otto，2004）。与此同时，母公司可以通过支持子公司的知识搜寻、获取、创造与转移活动，增强自身的吸收能力（Jimenéz-Jimenéz et al.，2014），快速识别并转移子公司有价值的知识资源（Bouquet and Birkinshaw，2008；Rabbiosi and Santangelo，2013；Zeng et al.，2018），间接提升创新能力，从而在全球市场中保持领先地位。基于此，本章提出假设4：

H4：海外子公司战略角色的演变对母公司的财务绩效具有显著正向影响。

2. 母公司吸收能力的调节效应

对于母公司而言，吸收能力是其消化、转化和利用企业内部知识的能力，包含其获取、转移和利用子公司以及其他外部知识的能力（潘宏亮，2018；罗珉、刘永俊，2009）。这种能力对跨国公司在母国和东道国获取并充分利用成长、发展所需的关键资源至关重要。研究表明，吸收能力强的母公司更倾向于进行逆向知识转移（吴先明，2013），能够加速知识和技术的内部流动，更高效地将海外子公司从东道国转移回来的知识和资源吸收和消化，并根据获取到的新知识，对国内外市场重新进行整合和优化（Garud and Nayyar，1994），进而创造新的竞争优势。因此，本章推断，随着一些海外子公司在海外市场中扮演着越来越重要的角色，即从执行者演变成战略领导者，吸收能力强的母公司能够进一步提升资源利用效率，降低新资源的搜寻成本，进而更有助于自身绩效的提升。基于此，本章提出假设5：

H5：母公司的吸收能力正向调节海外子公司战略角色的演变与母公司的财务绩效之间的关系。

综上所述，为探明海外子公司战略角色演变对母公司绩效的效应机制，并剖析母公司的吸收能力将如何调节“海外子公司战略角色演变—母公司绩效”的关系，本章拟构建海外子公司战略角色演变对母公司绩效的效应机制模型（如图6.2所示）。

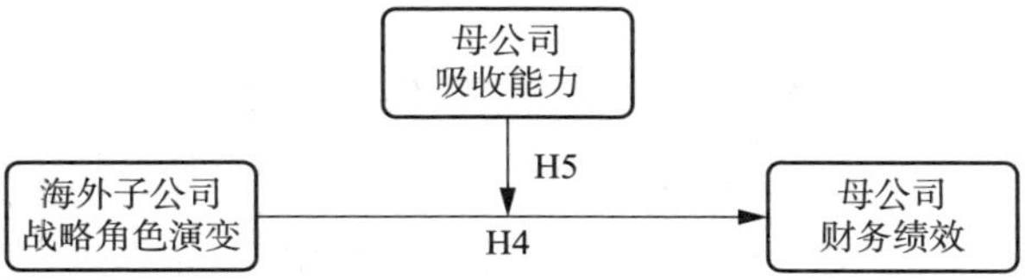

图 6.2　海外子公司战略角色演变对母公司绩效的效应机制

第二节　研究设计

一、变量设计

1. 被解释变量

海外子公司财务绩效：关于财务绩效的测量，国内外研究相对成熟，主要有 Tobin's-Q 值、总资产报酬率(*ROA*)、净资产报酬率(*ROE*)等(温素彬、方苑，2008；Aras et al.，2010)。其中，*ROA* 是衡量企业利用其总资产(包括负债和股东权益)产生利润的能力的指标，它反映了企业全部资产的整体获利能力，故本章采用海外子公司的 *ROA* 来作为海外子公司财务绩效的代理变量。

母公司财务绩效：同上，本章采用母公司的 *ROA* 来作为母公司财务绩效的代理变量。计算公式如下：

$$ROA=\frac{利润总额}{平均资产总额}\times100\%$$

2. 解释变量

海外子公司战略角色演变：为保障研究的连贯性和一致性，本章关于海外子公司战略角色这一变量的测量方法与第四章、第五章相同，从海外子公司对于母公司的战略重要性、海外子公司的盈利能力、海外子公司所在东道国市场重要性三个维度进行测度，并使用海外子公司战略角色的同比变化率来衡量海外子公司战略角色演变。

3. 调节变量

吸收能力：本章借鉴李梅(2022)的研究，以研发投入强度(研发投入/营业收入)来衡量企业的组织学习吸收能力。

适应能力：本章借鉴杨林(2020)和李梅(2022)的研究，使用研发、资本、广告这三项关键支出的变异系数来衡量企业的环境适应能力，为使变异系数值与适应能力保持方向一致，对变异系数取负值，调整后的变异系数值越大，表示企业适应能力越强。计算公式如下：

$$Adaptation = -\frac{\sigma(\text{标准差})}{mean(\text{均值})}$$

4. 控制变量

参考相关研究(杨林，2020；李梅，2022)，对企业规模、直接持股比例、风险承担能力等变量进行控制，数据均来源于 CSMAR 数据库和 Wind 数据库。

本章所涉及的相关变量如表 6.1 所示。

表 6.1　变量描述

变量类型	变量	变量名称	计算方法
被解释变量	*ROA*1	海外子公司财务绩效	海外子公司的总资产报酬率
	*ROA*2	母公司财务绩效	母公司的总资产报酬率
解释变量	*SRE*	海外子公司战略角色演变	海外子公司战略角色的同比变化率
调节变量	*Sbsorb*1	海外子公司吸收能力	海外子公司当年研发投入占营业收入的比重
	Adaptation	海外子公司适应能力	海外子公司当年研发、资本、广告这三项关键支出的变异系数
	*Sbsorb*2	母公司吸收能力	母公司当年研发投入占营业收入的比重
控制变量	*LNSIZE*1	海外子公司企业规模	海外子公司期末总资产取对数
	*LNSIZE*2	母公司企业规模	母公司期末总资产取对数
	DH	母公司直接持股比例	母公司对子公司的直接持股比例
	LEV	母公司风险承担能力	母公司当年的资产负债率

二、数据来源

本章选取我国沪深两市中至少拥有一家海外子公司的上市企业为研究样本，原始数据来自 Wind 数据库、国泰安数据库以及上市公司在深圳证券交易所、上海证券交易所网站提供的年报数据。由于海外子公司数据披露较少且获取困难，因此，团队成员首先从 Wind 数据库和国泰安数据库中获取上市公司及其海外子公司的基本信息；其次，在《境外投资企业（机构）名录》中检索出这些企业海外子公司的相关信息，对缺失的或无法从数据库中直接获取的数据进行手工整理以及补充完善。

在此基础上本章对原始数据进行了如下处理：第一，剔除了金融类、在考察年限中进行 IPO、ST 和这期间退市的企业样本；第二，根据海外子公司的注册地区，剔除了在开曼群岛、阿拉伯联合酋长国、英属维尔京群岛、百慕大群岛等免税地区以避税为目的投资设立的海外子公司（陈衍泰等，2016）；第三，剔除了缺失关键数据的样本，并对所有微观层面的连续变量进行 1%和 99%的缩尾处理，以减少异常值影响。本章的回归模型共使用了 212 家上市公司 2014—2021 年的 1696 条观测值。

三、模型构建

本章主要研究海外子公司战略角色演变对其自身绩效以及母公司绩效的效应机制，并探究吸收能力、适应能力对“海外子公司战略角色演变—海外子公司自身绩效”“海外子公司战略角色演变—母公司绩效”关系的调节作用，模型设定如下：

模型 1~模型 5：

$$ROA1_{it} = \beta_0 + \beta_1 SRE_{it} + \sum_{i=2}^{3} \beta_i \ Controls_{it} + \varepsilon \tag{6.1}$$

$$ROA1_{it} = \beta_0 + \beta_1 SRE_{it} + \beta_2 \ Sbsorb1_{it} + \sum_{i=3}^{4} \beta_i \ Controls_{it} + \varepsilon \tag{6.2}$$

$$ROA1_{it} = \beta_0 + \beta_1 SRE_{it} + \beta_2 \ Adaptation_{it} + \sum_{i=3}^{4} \beta_i \ Controls_{it} + \varepsilon \tag{6.3}$$

$$ROA1_{it}=\beta_0+\beta_1 SRE_{it}+\beta_2\ Sbsorb1_{it}+\beta_3 SRE_{it}\times Sbsorb1_{it}+\sum_{i=4}^{5}\beta_i\ Controls_{it}+\varepsilon \tag{6.4}$$

$$ROA1_{it}=\beta_0+\beta_1 SRE_{it}+\beta_2\ Adaptation_{it}+\beta_3 SRE_{it}\times Adaptation_{it}+\sum_{i=4}^{5}\beta_i\ Controls_{it}+\varepsilon \tag{6.5}$$

模型 6～模型 8：

$$ROA2_{it}=\beta_0+\beta_1 SRE_{it}+\sum_{i=2}^{4}\beta_i\ Controls_{it}+\varepsilon \tag{6.6}$$

$$ROA2_{it}=\beta_0+\beta_1 SRE_{it}+\beta_2\ Sbsorb2_{it}+\sum_{i=3}^{5}\beta_i\ Controls_{it}+\varepsilon \tag{6.7}$$

$$ROA2_{it}=\beta_0+\beta_1 SRE_{it}+\beta_2\ Sbsorb2_{it}+\beta_3 SRE_{it}\times Sbsorb2_{it}+\sum_{i=4}^{6}\beta_i\ Controls_{it}+\varepsilon \tag{6.8}$$

其中，i 为企业，t 为年份。$ROA1_{it}$表示海外子公司 i 第 t 年的财务绩效；$ROA2_{it}$表示母公司 i 第 t 年的财务绩效；SRE_{it}表示海外子公司 i 第 t 年的战略角色演变；$Sbsorb1_{it}$表示海外子公司 i 第 t 年的吸收能力；$Sbsorb2_{it}$表示母公司 i 第 t 年的吸收能力；$Adaptation_{it}$表示海外子公司 i 第 t 年的适应能力；$SRE_{it}\times Sbsorb1_{it}$表示海外子公司 i 第 t 年吸收能力与其战略角色演变的交互项；$SRE_{it}\times Sbsorb2_{it}$表示母公司 i 第 t 年吸收能力与海外子公司战略角色演变的交互项；$SRE_{it}\times Adaptation_{it}$表示海外子公司 i 第 t 年适应能力与其战略角色演变的交互项；$Controls_{it}$表示一系列控制变量；ε 是误差项。

第三节　实证分析

一、描述性统计

本章涉及的所有变量描述性统计结果如表 6.2 所示。海外子公司的 ROA 的均值为 0.364，小于母公司 ROA 的均值 3.509，这表明海外子公司平均的盈利能力弱于母公司。海外子公司战略角色演变的均值为 7.606，标准差为 73. 096，与第四章、第五章测量结果一致。海外子公司的适应能力均值为 11. 522，标准差为 18. 163，最小值为 0. 057，最大值为 116. 397，表明不同海外子公司的适应能力存在较大差异。海外子公司的吸收能力均值为 18. 018，母公司吸收能力的均值为 18. 348，由此可见，海外子公司与母公司吸收能力的均值相差较小。母公司直接持股比例的均值为 92. 869，表明样本中母公司对海外子公司的整体持股比例较高，两者之间的关联性较高，有利于本章进一步分析海外子公司战略角色演变与母公司绩效之间的关系。母公司风险承担能力的均值为 40. 953，标准差为 15. 727，最小值为 7. 97，最大值为 72. 21，表明不同母公司之间的风险承担能力存在较大差异。

表 6. 2 描述性统计

变量	Obs	Mean	Std. Dev.	min	max
*ROA*1	1696	0. 364	4. 897	-15. 961	23. 924
*ROA*2	1696	3. 509	6. 9	-26. 77	21. 61
SRE	1696	7. 606	73. 096	-104. 122	591. 461
Adaptation	1696	11. 522	18. 163	0. 057	116. 397
*Sbsorb*1	1696	18. 018	2. 456	7. 346	21. 89
*Sbsorb*2	1696	18. 348	0. 916	15. 255	20. 72
*LNSIZE*1	1696	18. 897	1. 805	13. 579	22. 57
*LNSIZE*2	1696	22. 237	1. 008	20. 117	24. 369
HD	1696	92. 869	15. 314	50	100
LEV	1696	40. 953	15. 727	7. 97	72. 21

二、相关性分析

海外子公司战略角色演变对其自身绩效的效应机制模型所涉及的变量相关性分析结果（如表 6. 3 所示）显示，相关系数矩阵的相关系数均低于 0. 8，各变量的 VIF 值均远低于 10，由此可以推断该模型不存在多重共线性问题。同样，海外子公司战略角色演变对母公司的效应机制模型所涉及变量的相关性分析结果（如表6.4所示）表明，相关系数矩阵的相关系数均低于0.8，各变量的VIF值均远低于10，因此可以推断该模型不存在多重共线性。为防止变量不平稳而出现伪回归，本章利用单位根检验对变量进行平稳性检验，经检验，所有变量的p值均为0，这意味着变量是稳定且存在长期均衡的，回归不属于伪回归。此外，采用KAO检验方法对模型中因变量和自变量之间的协整性进行检验，结果表明各检验统计量在1%的水平下都拒绝了原假设，这表明各模型的自变量和因变量之间存在协整关系。

表6.3　海外子公司战略角色演变对其自身绩效的效应机制模型相关性分析

变量	*ROA*1	*SRE*	*Adaptation*	*Sbsorb*1	*LNSIZE*1	*HD*	VIF
*ROA*1	1.000						1.18
SRE	0.230***	1.000					1.12
Adaptation	−0.044	0.064	1.000				1.04
*Sbsorb*1	0.098*	0.181***	0.118**	1.000			1.38
*LNSIZE*1	0.223***	0.121**	0.139***	0.434***	1.000		1.31
HD	−0.218***	0.046	−0.115**	0.225***	0.150***	1.000	1.07

注：*、**、***分别表示在10%、5%、1%的水平下显著。

表6.4　海外子公司战略角色演变对母公司绩效的效应机制模型相关性分析

变量	*ROA*2	*SRE*	*Sbsorb*2	*LNSIZE*2	*HD*	*LEV*	VIF
*ROA*2	1.000						1.66
SRE	0.094*	1.000					1.09
*Sbsorb*2	0.006	0.183***	1.000				1.98
*LNSIZE*2	0.049	−0.038	0.683***	1.000			2.37
HD	−0.012	0.046	−0.054	−0.086*	1.000		1.13
LEV	−0.164***	0.099	0.424***	0.582***	−0.301***	1.000	1.74

注：*、**、***分别表示在10%、5%、1%的水平下显著。

三、主效应与调节效应检验

首先，对海外子公司战略角色演变对其自身绩效的效应机制模型进行回归分析，回归结果如表 6.5 所示，模型 1~模型 5 分别展示了海外子公司战略角色演变与其自身绩效的主关系回归结果，以及海外子公司吸收能力和适应能力对主关系的调节效应。具体而言，模型 1 引入控制变量对海外子公司战略角色演变与其自身绩效的关系进行回归分析，模型 2~模型 3 分别单独引入海外子公司吸收能力和适应能力两个调节变量进行回归分析，模型 4~模型 5 分别增加了调节变量与解释变量的交互项进行回归分析。

表 6.5 海外子公司战略角色演变对其自身绩效的效应机制模型回归结果

变量	*ROA*1	*ROA*1	*ROA*1	*ROA*1	*ROA*1
模型	模型 1	模型 2	模型 3	模型 4	模型 5
SRE	0.0104*** (3.92)	0.0094*** (3.58)	0.0116*** (4.52)	0.0068*** (3.17)	0.0055*** (4.54)
*Sbsorb*1		1.325*** (4.82)		1.251*** (4.60)	
SRE×*Sbsorb*1				0.0012** (3.12)	
Adaptation			0.0812*** (6.52)		0.0870*** (7.40)
SRE×*Adaptation*					0.0009*** (6.58)
*LNSIZE*1	0.6090** (2.76)	-0.119 (-0.28)	-0.2820 (-0.69)	-0.0569 (-0.14)	-0.1890 (-0.49)
HD	-0.0524* (-2.06)	0.0486 (1.10)	0.0581 (1.35)	0.0472 (1.08)	0.0569 (1.40)
_ *cons*	-6.4270 (-1.42)	-25.89** (-2.93)	1.058 (0.13)	-25.61** (-2.93)	-0.5440 (-0.07)
N	1696	1696	1696	1696	1696
Adj. R^2	0.045	0.032	0.022	0.005	0.133

注：*、**、***分别表示在 10%、5%、1%的水平下显著。

模型 1 的回归结果显示，海外子公司战略角色演变与其自身绩效的关系显著为正($\beta_1=0.0104$，$p<0.01$)，由此可初步判断，海外子公司战略角色的正向演变会促进海外子公司自身绩效的增加，且在 1%的水平下显著，H1 成立。模型 2 的回归结果显示，海外子公司吸收能力与其自身绩效的关系显著为正($\beta_2=1.325$，$p<0.01$)，由此可初步判断，海外子公司吸收能力有助于促进海外子公司自身绩效的增长，且在 1%的水平下显著。模型 3 的回归结果显示，海外子公司的适应能力与其自身绩效的关系显著为正($\beta_2=0.0812$，$p<0.01$)，由此可初步判断，海外子公司适应能力有助于促进海外子公司自身绩效的增长，且在 1%的水平下显著。模型 4 的回归结果显示，海外子公司战略角色演变与其自身绩效的关系显著为正($\beta_1=0.0068$，$p<0.01$)，海外子公司吸收能力与其自身绩效的关系显著为正($\beta_2=1.251$，$p<0.01$)，交互项与海外子公司绩效之间的关系显著为正($\beta_3=0.0012$，$p<0.05$)，由此可初步判断，海外子公司的吸收能力能够正向调节海外子公司战略角色演变与其自身绩效之间的关系，且在 5%的显著水平下显著，H2 成立。模型 5 的回归结果显示，海外子公司战略角色演变与其自身绩效的关系显著为正($\beta_1=0.0055$，$p<0.01$)，海外子公司适应能力与其自身绩效之间的关系显著为正($\beta_2=0.0870$，$p<0.01$)，交互项与海外子公司绩效之间关系亦显著为正($\beta_3=0.0009$，$p<0.01$)，由此可初步判断，海外子公司的适应能力能够正向调节海外子公司战略角色演变与其自身绩效之间的关系，且在 1%的显著水平下显著，H3 成立。

其次，对海外子公司战略角色演变对母公司绩效的效应机制模型进行回归分析，回归结果如表 6.6 所示，模型 6~模型 8 分别展示了海外子公司战略角色演变与母公司绩效的主关系回归结果，以及母公司吸收能力对主关系的调节效应。模型 6 引入控制变量对海外子公司战略角色演变与母公司绩效的关系进行回归分析，模型 7 单独引入了母公司吸收能力这一调节变量进行回归分析，模型 8 增加了调节变量与母公司绩效的交互项进行回归分析。

表 6.6 海外子公司战略角色演变对母公司绩效的效应机制模型回归结果

变量	*ROA2*	*ROA2*	*ROA2*
模型	模型 6	模型 7	模型 8
SRE	0.0113*** (2.62)	0.0110*** (4.48)	0.0061*** (4.91)
Sbsorb2		0.0949** (2.17)	0.0777** (2.14)
SRE×Sbsorb2			0.0029** (2.74)
LNSIZE2	1.954** (3.22)	1.996** (3.04)	1.973** (3.04)
HD	−0.0736* (−2.05)	−0.0740* (−2.04)	−0.0722* (−2.05)
LEV	−0.2150*** (−6.27)	−0.2150*** (−6.22)	−0.210*** (−6.10)
_ *cons*	−24.44 (−1.85)	−23.61 (−1.69)	−23.79 (−1.74)
N	1696	1696	1696
Adj. R^2	0.082	0.082	0.082

注：*、**、***分别表示在10%、5%、1%的水平下显著。

模型6的回归结果显示，海外子公司战略角色演变与母公司绩效的关系显著为正($\beta_1=0.0113$，$p<0.01$)，由此可初步判断，海外子公司战略角色的正向演变会促进母公司绩效的增加，且在1%的水平下显著，H4成立。模型7的回归结果显示，母公司吸收能力与其自身绩效的关系显著为正($\beta_2=0.0949$，$p<0.05$)，由此可初步判断，母公司吸收能力有助于促进其自身绩效的增长，且在5%的水平下显著。模型8的回归结果显示，海外子公司战略角色演变与母公司绩效的关系显著为正($\beta_1=0.0061$，$p<0.01$)，母公司吸收能力与其自身绩效的关系显著为正($\beta_2=0.0777$，$p<0.05$)，交互项与母公司绩效之间的关系显著为正($\beta_3=0.0029$，$P<0.05$)，由此可初步判断，在5%的显著水平下，母公司的吸收能力能够正向调节

海外子公司战略角色演变与母公司绩效之间的关系，H5 成立。

第四节 研究结论

本章通过系统梳理现有研究中海外子公司战略角色演变与母子公司财务绩效的关系，以及适应能力、吸收能力的调节作用，构建研究模型，并使用与第四章、第五章相同的样本企业对研究假设进行实证检验，得出以下结论：

第一，海外子公司战略角色的演变可以促进海外子公司自身绩效的增长。随着全球市场竞争的加剧（Luo and Tung，2007；Luo and Tung，2018），海外子公司在战略上的调整和角色的转变，如从简单的生产或销售基地转变为区域管理中心或创新中心，能够更好地适应当地市场的需求，提高资源配置效率（Awate et al.，2015），从而降低获取关键知识与资源的财务和时间成本（Sun et al.，2012；Santangelo and Meyer，2017），增强自主决策权（Cavanagh et al.，2017；王娜、王永贵，2017；Galli Geleilate et al.，2019），有助于其开发出更符合当地市场特性的产品和服务，进一步巩固其市场地位，促进子公司自身的绩效增长。这种演变不仅提升了子公司的市场竞争力，也提高了其在全球价值链中的地位。

第二，海外子公司的吸收能力可以正向调节海外子公司战略角色的演变与其自身绩效之间的关系。当具有较强吸收能力的子公司进行战略角色演变时，能够更有效地利用外部资源和知识（Catherine and Pervaiz，2007；潘宏亮，2018；庞博等，2019），并将其转化为企业自身的知识（杨林，2020），降低研发与创新成本，从而不断维持与塑造竞争优势（Woiceshyn and Daellenbach，2005），在激烈的市场竞争中获得更好的绩效表现。

第三，海外子公司的适应能力可以正向调节海外子公司战略角色的演变与其自身绩效之间的关系。适应能力较强的海外子公司具有较强的反应能力和更大的灵活性（Najafi－Tavani et al.，2014；Eshima and Anderson，2017；Hendriks et al.，2018），在进行战略角色演变时，能够以更快的速度应对外部环境的变化，并对组织的文化、规则和系统进行调整（Teece，2007），从而克服外来者劣势，减少文化冲突和运营风险（Wang and Ahmed，2007），以更好地识别和把握市场机会，提升自身财务绩效。

第四，海外子公司战略角色的演变可以促进母公司绩效的增长。随着子公司在全球战略中扮演越来越重要的角色，它们一方面能够直接为母公司开拓国际市场（Driffield et al.，2016；Gutierrez-Huerter O et al.，2019），提升国际竞争力；另一方面能够间接为母公司提供更多的市场信息、技术创新和管理经验（Bouquet and Birkinshaw，2008；Rabbiosi and Santangelo，2013；Nair et al.，2015；Zeng et al.，2018），通过知识转移、网络嵌入等举措，实现资源和知识的回流（Asakawa et al.，2018；Nair et al.，2018），帮助母公司优化全球战略布局，提高整体竞争力，从而实现绩效增长。

第五，母公司的吸收能力可以正向调节海外子公司战略角色的演变与母公司绩效之间的关系。吸收能力较高的母公司能够更高效地进行逆向知识转移（吴先明，2013），加速知识和技术的内部流动（潘宏亮，2018；罗珉、刘永俊，2009），并根据获取到的新知识，对国内外市场进行整合和优化（Garud and Nayyar，1994），从而提升全球运营效率。这种能力让母公司能够充分利用海外子公司在全球网络中的战略价值，进一步增强其在全球市场中的竞争力和绩效表现。

综上所述，海外子公司战略角色的演变及其对自身以及母公司绩效的影响是一个复杂且多维的过程，其中涉及海外子公司和母公司之间的相互作用以及知识的双向流动。本章的结论为跨国公司在全球范围内优化资源配置、提升全球竞争力提供了理论支持和实践指导。

第七章

结论及展望

在全球化浪潮的持续推动下，跨国企业的海外经营活动日益频繁，海外子公司战略角色演变成为研究焦点。本书致力于深入剖析EMNEs海外子公司战略角色演变这一复杂议题，综合使用多种研究方法，包括案例研究法、理论梳理与推导以及实证研究，以确保研究结论具备科学性与严谨性。前六个章节紧密围绕海外子公司战略角色演变展开了全面且深入的探究。首先，运用嵌入式单案例研究，详细分析了中国跨国企业海外子公司在不同市场环境下的战略角色演变路径，揭示了海外子公司从初始角色逐步发展转变的动态过程，与此同时，深入挖掘了影响这一演变过程的关键因素，为后续研究奠定了坚实的实践基础。其次，通过对海外子公司角色相关理论的细致梳理，明确了其定义、类型以及演变的关键驱动因素，并构建了相应的理论框架，从理论层面深入探讨了海外子公司战略角色演变的内在逻辑。再次，基于理论分析，提出了一系列关于海外子公司战略角色演变的研究假设，涉及管理者认知、数智技术应用等多方面因素对战略角色演变的影响，以及海外子公司战略角色演变对母子公司绩效的效应机制。最后，运用大样本数据进行实证分析，检验了这些假设关系，系统地探讨了管理者认知如何影响海外子公司战略角色演变，数智技术应用在其中发挥的作用机制，以及海外子公司战略角色演变对母子公司绩效的具体影响，包括吸收能力和适应能力等调节变量的作用。本章将基于前几章的严谨分析论证，系统总结研究结论，深入剖析这些结论在理论发展与管理实践中的重要贡献，同时客观指出研究过程中存在的不足之处，并展望未来研究的潜在方向，以期为海外子公司战略角色演变研究领域提供更具深度和广度的理论见解与实践指导。

第一节　结论讨论与启示

本书旨在系统分析EMNEs海外子公司战略角色的设计、形成、调整与演变，并探究其内在机制与效应。首先，基于知识资源视角，通过案例研究，揭示了EMNEs海外子公司战略角色演变的动态过程，识别了不同市场情境下角色演变的差异化路径及其形成基础；其次，基于认知理论，构建了计量模型，深入探讨了管理者认知对EMNEs海外子公司战略角色演变的直接及间接影响机制，并引入创新资源投入和市场能力构建作为中介变量，揭示了管理者认知通过资源配置和能力建设影响海外子公司战略角色演变的内在逻辑；再次，立足数字化情境，通过实证分析检验了数智技术应用对海外子公司战略角色演变的促进作用，并探索了组织敏捷性和环境动荡在其中的中介与调节效应；最后，基于价值创造视角，考察了EMNEs海外子公司战略角色演变对母子公司财务绩效的影响，并进一步分析了吸收能力和适应能力在其中的调节作用。本节将对以上研究结论进行提炼总结，深入分析与讨论，同时给出相应的管理启示。

一、结论与讨论

本书通过全面梳理海外子公司战略角色演变相关理论，包括过程理论、资源基础理论、认知理论以及动态能力理论等，综合运用案例研究、理论推导与实证检验等多元研究方法，深入剖析中国跨国企业海外子公司战略角色演变的全过程，系统探究其影响因素、内在机理与效应机制，最终形成以下研究结论：

(1)中国跨国企业在新兴市场和发达市场设立的海外子公司，在战略角色演变上呈现出不同的路径特征。在新兴市场，中国跨国企业的海外子公司往往通过渐进式演变机制实现角色的动态调整。这一机制以知识获取和知识应用为基础，海外子公司的角色演变路径遵循“执行者—贡献者—战略领导者”的逻辑。在这个过程中，海外子公司首先扮演执行者角色，负责执行母公司的战略指令和任务；随后，随着知识资源的积累和内部能力的提升，海外子公司逐渐转变为贡献者，开始向母公司和其他子公司贡献知识、技术和经验；最终，海外子公司通过知识创造和战略引领，成为母公司全球战略中的重要领导者。而在发达市场，中国跨国企业的海外子公司更多依赖跃升式演变机制，通过知识创造直接从执行者角色跃升为战略领导者。在这一过程中，海外子公司需要克服多种挑战，如东道国的文化差异、竞争压力以及制度限制等，通过不断创新和突破，实现快速成长和战略升级。海外子公司、母公司和东道国层面的因素共同构成了不同角色的形成基础，其中知识资源的获取、创造和应用是推动角色演变的核心动力。本书通过案例分析，打开了知识资源如何助推海外子公司角色演变的"黑箱"，弥补了现有研究对海外子公司角色演变过程和机制探讨不足所造成的研究缺口。

（2）EMNEs 管理者认知促进海外子公司战略角色的演变。本书发现，EMNEs 海外子公司战略角色的演变与高层管理者认知密切相关。一方面，本书将认知能力定义为开展一个或多个心智认知活动的能力，在高管情境中，它表现为管理团队成员个体认知能力的集合（Helfat and Peteraf，2015）。尽管高管认知能力可能会受领导者权威、公司中的权力距离等因素的影响，但在某种程度上，高管对海外子公司角色的认知，能够决定海外子公司的角色演变。对海外子公司的不同认知能够诱发海外子公司不同的角色演变（Chandler et al.，2014；Johnson et al.，2008）。而 EMNEs 高管对环境、资源与能力变化的感知，会促使企业调整海外子公司的战略角色。在环境感知方面，不同高管对环境变化的感知存在差别（Cyert and March，1963；Daft and Weick，1984），当高管感知到环境威胁（或机会收益）时，一些企业会调整其海外子公司的战略角色，也有一些则会固守原有的战略角色。同时，EMNEs 高管对企业资源与能力变化的感知也存在差异，这同样会促使高管采取不同的行为措施。另一方面，EMNEs 高管对环境以及资源能力的认知，会影响海外子公司自身资源投入和能力构建的行为，从而推动战略角色的演变（Meyer and Peng，2016；Gilmore et al.，

2018）。因为 EMNEs 高管不仅设计海外子公司的基础架构，也塑造海外子公司的价值属性，进而影响海外子公司战略角色的形成过程。高管通过突破路径依赖约束，重构海外子公司的资源与能力结构，帮助企业开发新的商业机会（Chesbrough and Rosenbloom，2002；Brea－Solis et al.，2015）。EMNEs 高层管理者具有较高的创造性问题解决与类比推理能力，将有助于子公司分配并开发资源、利用并开发能力，也有助于企业及时变更海外子公司的章程、管理办法，或者认可海外子公司的行为等，进而推动海外子公司战略角色的演变。

（3）数智技术应用对 EMNEs 海外子公司战略角色演变具有正向作用。数智技术的迅猛发展，为 EMNEs 海外子公司战略角色的演变提供了新的动力。数智技术打破了传统产业边界与地理距离限制，重塑传统商业模式，帮助 EMNEs 在国际市场中建立起“新”连接（Luo，2022）。数智技术应用提高了 EMNEs 内外部沟通效率，有利于海外子公司扩大资源获取范围、提高资源利用效率，推动自身能力和竞争优势的构建（Chang and Matsumoto，2022），进而实现战略角色演变（Nambisan and Luo，2021；Shi et al.，2023）。数智技术应用对海外子公司的组织敏捷性具有显著正向影响；海外子公司的组织敏捷性对其战略角色演变具有显著正向影响；海外子公司的组织敏捷性在数智技术应用与其战略角色演变之间发挥部分中介作用。数智技术应用能够加快信息传递和信息处理进程，提高海外子公司资源配置效率和运营效率（Matt et al.，2015；Shi et al.，2023），进而显著增强其组织敏捷性。而较高的组织敏捷性有助于海外子公司及时响应母公司战略调整（Tarba et al.，2023），并快速地响应东道国市场的复杂变化（Liu and Vrontis，2017；罗兴武等，2024），进而在母公司的整体战略布局中扮演关键角色。因此，数智技术应用能够通过提高海外子公司的组织敏捷性推动其战略角色正向演变（吴晓云、陈鹏飞，2015；Hughes and Chandy，2021）。环境动荡正向调节数智技术应用与组织敏捷性之间的关系；环境动荡正向调节组织敏捷性与海外子公司战略角色演变之间的关系。当海外子公司面临高度不确定且快速变化的环境时，倾向于借助数智技术提高自身的信息获取和整合能力，以快速感知并响应外部环境变化（Fink and Neumann，2007；吴晓云、陈鹏飞，2015）。同时，海外子公司的组织敏捷性能够在高度动荡的外部环境下发挥更大作用，高组织敏捷性的海外子公司具有较大的比较优势，能够快速构建全球竞争优势（Dickler et al.，2022），实现战略角色演变。

（4）EMNEs海外子公司战略角色演变对子公司以及母公司的财务绩效产生积极影响。在海外子公司层面，随着其战略角色从简单的指令执行者转变为具有一定决策权的战略领导者，能够拥有更高的灵活性、自主权以及资产配置能力（Cavanagh et al.，2017；王娜、王永贵，2017；Galli Geleilate et al.，2019），不仅使它们能够敏锐地捕捉海外市场中的机会，创新性地吸收和应用东道国的知识，开发出更符合东道国市场需求的本土化产品和服务，还能够直接从东道国获取并有效利用发展所需的关键知识和资源（Luo and Tung，2007；Awate et al.，2015），减少对母国资源的依赖，降低从母国获取关键知识、资源的财务和时间成本，提高资源的整体利用效率，从而提升财务表现。同时，海外子公司的吸收能力与适应能力可以正向调节海外子公司战略角色的演变与其自身绩效之间的关系。在进行战略角色调整时，具有较高吸收能力的海外子公司能够更有效地吸收、整合和利用从东道国市场、母公司以及其他子公司获取的知识和技术（Daghfous，2004；Catherine and Pervaiz，2007），并将其融入企业内部（潘宏亮，2018；杨林，2020），转化为自身的竞争优势，从而提高自身创新能力和财务绩效（刘学元等，2016）；具有较高适应能力的海外子公司能够以更快的速度应对外部环境的变化（Najafi-Tavani et al.，2014；Eshima and Anderson，2017；Hendriks et al.，2018），对组织的文化、规则和系统进行调整（Teece，2007），从而减少文化冲突和运营风险（Wang and Ahmed，2007），更好地识别和把握市场机会，提升自身财务绩效。在母公司层面，随着海外子公司在母公司的全球战略中扮演着越来越重要的角色，其既能够通过为母公司开拓国际市场（Driffield et al.，2016；Gutierrez-Huerter O et al.，2019），直接提升母公司的财务绩效，又能够通过逆向知识转移为母公司提供更多的市场信息、技术创新和管理经验(Nair et al.，2015；Zeng et al.，2018；Asakawa et al.，2018；Nair et al.，2018)，从而间接促进母公司财务绩效的提升。此外，母公司的吸收能力可以正向调节海外子公司战略角色的演变与母公司绩效之间的关系。吸收能力较高的母公司能够更高效地进行逆向知识转移(吴先明，2013)，并根据获取到的新知识，整合、优化国内外市场(Garud and Nayyar，1994)，提升其全球运营效率，从而进一步促进财务绩效的提升。

二、研究贡献

本书的研究贡献集中体现在海外子公司战略角色演变这一关键研究领域。通过深入挖掘渐进式和跃升式角色演变机制，有力拓展了对海外子公司角色动态演变过程的理解，丰富了海外子公司成长研究的理论内涵。同时，基于认知视角剖析管理者认知的作用机制，为海外子公司微观基础研究增添了全新视角。在数智技术应用方面的探索，填补了相关研究在该领域的空白，深化了对其影响机制的认识。基于上述研究结论及深入讨论，本章将进一步详细阐述相关研究贡献，从而有效升华本书研究的各项结论，为该领域的学术发展提供更具价值的理论支撑与实践指导。

(1)本书基于知识资源助推视角，探明了渐进式和跃升式两种海外子公司角色演变机制，厘清了知识资源与海外子公司角色演变之间的内在联系(Zhao et al.，2022)，填补了现有文献对于海外子公司角色如何演变考量不足所造成的研究缺口(Raziq et al.，2019)。尽管现有研究已经意识到探讨海外子公司角色演变的重要性，但相关研究大多聚焦于对角色演变的驱动因素和作用效果分析，对海外子公司角色如何演变缺乏足够的关注。本书从知识资源对中国跨国企业海外子公司角色演变的助推作用出发，从知识获取、知识应用和知识创造三个方面揭示了海外子公司角色演变的内在机理，更为聚焦地刻画中国跨国企业海外子公司角色演变的动态过程，响应郝瑾(2017)等对于“从动态视角探寻海外子公司不同角色类型的演进轨迹”的呼吁。同时，本书识别了中国跨国企业海外子公司的角色类型，并从海外子公司、母公司和东道国三个层面进一步剖析了各角色的形成基础，弥补了现有研究仅基于静态和单一视角探讨海外子公司角色形成和类型而造成的研究缺口。本书通过案例分析，基于知识资源助推视角识别出中国跨国企业海外子公司扮演的执行者、贡献者和战略领导者角色，探明了子公司、母公司和东道国三个层面因素对海外子公司角色形成的重要作用，深化了现有研究对海外子公司角色类型的认识，并为 EMNEs 海外子公司角色形成研究提供了完整且新颖的研究思路。

(2)本书基于认知视角，揭示了 EMNEs 高层管理者认知对海外子公司战略角色演变的作用机制，为海外子公司的微观基础研究做出贡献(Gutierrez，2019)。由于 EMNEs 的成长发展处于不确定性与风险较高的环境中，以往研究多强调环境对 EMNEs 海外子公司角色的影响(Zahra et al.，2005)，且对 EMNEs 海外子公司的研究主要集中在价值创造方面(如知识等战略资源获取、合法性获取、机会利用等)(Teng et al.，2017；Bai et al.，2018；Zhang et al.，2019；魏江等，2020)，忽视了 EMNEs 海外子公司在国际市场中战略角色的形成与调整过程(Luo et al.，2019)。在不确定性与风险较高的环境中，EMNEs 常需要调整国际化战略，变更海外子公司角色，以适应环境的变化(Rabbiosi，2011；BCG，2019)。EMNEs 高管不仅是做出战略调整、设计并调整海外子公司角色的关键决策者，也是开展行动的主体。高管对东道国环境与国际商务的认知差异，会导致所设计海外子公司角色的属性差异，从而影响海外子公司角色的类型。同时，高管对环境、资源与能力变化的不同感知，也会促使海外子公司采取不同的行动，进而作用于其战略角色的演变(Isaac et al.，2019；Wang et al.，2020)。因此，本书秉承管理者主导逻辑，将 EMNEs 高层管理者认知纳入海外子公司战略角色演变模型中，从微观基础角度丰富了现有对管理者认知应用的情境研究，为海外子公司战略角色演变研究做出贡献。

(3)本书通过深入剖析数智技术应用对海外子公司战略角色演变的影响机制，为数智技术应用的相关研究做出贡献。现有数智化相关研究主要聚焦于跨国公司的母公司视角，认为数智技术可以帮助跨国企业快速克服外来者劣势，提升企业的国际化程度（黄胜等，2017），但尚未考虑到数智技术在海外子公司战略角色形成与演变过程中发挥的重要推动作用（Yeow et al.，2018；Adner et al.，2019；Helfat et al.，2023）。本书基于数字化情境，探明了数智技术应用对海外子公司战略角色演变的促进作用，为数智化相关研究和海外子公司演变相关研究做出贡献。此外，本书从组织敏捷性视角研究了数智技术应用影响海外子公司战略角色演变的中间机制，有效回答了“数智技术应用如何影响海外子公司战略角色演变”这一问题（Fink and Neumann，2007；吴晓云、陈鹏飞，2015），填补了现有研究对数智技术应用与海外子公司战略角色演变之间关系和具体作用路径探讨不足所造成的研究缺口。同时，本书也探明了环境动荡对数智技术应用与组织敏捷性之间关系的调节作用，以及环境动荡对组织敏捷性与海外子公司战略角色演变间关系的调节作用，从而丰富了 EMNEs 数智技术应用的情境研究（Luo and Witt，2022），为理解数智技术应用对海外子公司战略角色演变的作用路径做出贡献。

（4）本书探明了 EMNEs 海外子公司战略角色演变对子公司以及母公司财务绩效的效应机制，能够为海外子公司战略角色演变和价值创造研究做出贡献。现有关于海外子公司战略角色的形成、演变与效应机制的研究多以 DMNEs 海外子公司为对象（Balogun et al.，2019；Lee et al.，2020；Liu and Li，2022；冯永春等，2023），较少对 EMNEs 海外子公司战略角色的演变进行探讨，更忽略了对其效应机制的深入探讨。由于 EMNEs 海外子公司存在战略资源有限和先天技术短板等劣势（Luo and Tung，2018；Ramamurti and Williamson，2019；Surdu and Narula，2021），在进行战略角色演变时往往会面临制度环境差异较大、国际化经验不足、战略资源匮乏等障碍，需要消耗更大的财力、物力，进而会对母子公司的财务绩效产生重要且多重影响。本书基于价值创造视角，分别揭示了 EMNEs 海外子公司战略角色演变对其自身以及母公司财务绩效的影响，即 EMNEs 海外子公司战略角色的演变会对子公司以及母公司的财务绩效产生积极影响；并引入吸收能力与适应能力作为调节变量，探明了海外子公司的吸收能力、适应能力在“海外子公司战略角色演变—海外子公司财务绩效”关系中的正向调节作用，以及母公司的吸收能力在“海外子公司战略角色演变—母公司财务绩效”关系中的正向调节作用，构建出了EMNEs海外子公司战略角色演变的效应机制模型理论框架。本书为EMNEs通过海外子公司战略角色演变促进企业绩效的提升提供理论指导，并为吸收能力与适应能力的培养和优化提供理论支撑，拓展了EMNEs海外子公司战略角色演变效应机制的研究。

三、管理启示

本书紧密贴合EMNEs在当前全球化进程中所面临的现实情境与实际问题，深入探究了EMNEs海外子公司战略角色演变这一关键议题的内在机制。本书研究发现，海外子公司战略角色演变是在复杂多变的内外部环境因素共同作用下发生的，且受EMNEs自身战略导向、资源与能力状况以及东道国市场特征等多方面因素的驱动。同时，引入管理者认知、数智技术应用等重要变量，进一步丰富和细化了EMNEs海外子公司战略角色演变机制。本书的研究对于EMNEs如何通过优化海外子公司战略角色，有效整合全球资源、提升整体竞争力具有至关重要的意义。具体而言，本书的研究为企业管理实践提供了以下几方面的启示：

(1)明确海外子公司差异化角色的演变路径，优化资源配置，提升国际化战略实施效果。中国跨国企业需要更加关注海外子公司“执行者”“贡献者”和“战略领导者”等差异化角色的形成和演变过程，厘清海外子公司从“执行者”角色到“战略领导者”角色演变的内在逻辑，提升海外子公司角色演变的效果和效率。在设立海外子公司之前，中国跨国企业需要根据东道国市场性质，将自身设立海外子公司的动机与东道国市场潜力进行充分匹配，明确东道国市场的特征和属性，合理规划不同海外子公司的角色演变路径及机制，以指引海外子公司在国际市场的成长和发展。在海外子公司成长和发展过程中，中国跨国企业应当给予其充分的资源和战略支持，快速推动海外子公司向“战略领导者”角色演变。一方面，中国跨国企业需要根据海外子公司角色演变的具体路径和机制，采取适配性的战略举措，加快海外子公司对母国和东道国优势知识资源的获取、应用和创造进程，为其角色演变提供充足的资源动力，进而推动其向“战略领导者”角色快速演变；另一方面，中国跨国企业需要将海外子公司各阶段角色特征与自身在东道国市场的寻求动机和发展目标相匹配，充分激发子公司不同角色的价值和潜力，进而基于海外子公司在东道国市场的战略性地位，加快自身跨国网络的快速扩张和发展。

（2）加强管理者认知能力的培养，提升海外子公司战略角色演变的科学性与有效性。在EMNEs全球扩张的过程中，管理者的认知扮演着至关重要的角色。管理者的认知能力直接影响着海外子公司战略角色的演变，这一演变对于企业在国际市场中的适应性和竞争力具有深远影响。因此，EMNEs必须重视管理者认知能力的培养和提升，以确保海外子公司能够有效地响应市场变化，并在激烈的全球竞争中保持优势。在实际经营过程中，EMNEs应高度关注管理者认知问题，避免因管理者对市场和自身认知不足而导致战略定位失误，进而错失海外子公司发展机遇。从本书的研究可以看出，管理者认知能够促进海外子公司战略角色演变。因此，管理者需要具备全球视野，能够准确评估和预测国际市场的发展趋势和挑战，及时调整海外子公司的战略角色，以适应不断变化的外部环境，这对于提高海外子公司的运营效率和市场竞争力至关重要。此外，EMNEs高管需要意识到提高其海外子公司资源投入和能力构建的重要性。本书研究表明，管理者认知会促进海外子公司加大创新资源投入和市场能力构建力度。随着环境动态性不断提高，海外子公司需要不断地进行创新资源投入和市场能力构建，以响应环境变化。因此，管理者对资源配置和能力构建的深刻认知，有助于优化海外子公司的资源分配，提升其竞争力，确保关键领域获得足够支持，推动其战略角色的有效演变。为确保战略决策的科学性和有效性，EMNEs应该选拔具有敏锐洞察力和能够积极应对外部环境变化的管理者，培养其未雨绸缪的危机意识和有效选择能力，同时设置合理的机制以规避企业出现的惯性问题。

(3)充分利用数智技术，提升海外子公司对市场的响应能力和战略角色的价值。对于EMNEs母公司而言，当前数智技术迅猛发展，正在深刻重塑传统商业模式，EMNEs应积极投资于大数据、云计算、人工智能等数智技术，助推海外子公司更快速、准确地获取和分析市场数据，提高运营效率和决策质量，进而提升其对市场变化的响应速度和适应能力，帮助子公司在不断变化的国际环境中识别并抢占先机，有效执行母公司的战略决策，更好地发挥自身战略角色的价值和潜力，助力EMNEs在全球市场中建立并保持领先优势。为了更有效地发挥数智技术的作用，EMNEs母公司应建立统一的数智化平台，实现数据共享和资源协同，为海外子公司提供个性化的数智技术支持，以满足不同市场的需求。此外，EMNEs还应加强对数智技术人才的培养和引进，确保技术应用的有效性和可持续性。对于EMNEs的海外子公司而言，应充分利用母公司提供的大数据分析、人工智能、云计算等数智技术，精准地识别东道国的市场需求和创新机遇，提高自身运营效率和需求响应能力，进而提升自身对母公司的战略重要性并在东道国建立起优势地位。尤其在当前动荡性和不确定性并存的国际环境中，EMNEs的海外子公司应当充分认识到数智技术在提升灵活性和响应速度方面的巨大潜力，利用其灵活、快速地响应东道国复杂多变的市场环境，并以此为基础建立起差异化的竞争优势。同时，海外子公司也应积极参与母公司的数智化战略，为母公司的数智平台建设提供反馈意见和当地市场实践经验，实现母子公司数智化协同发展。

(4)以战略角色演变为核心，推动母子公司绩效提升，实现全球资源的高效配置。EMNEs可将海外子公司战略角色的演变作为其提升母子公司绩效的关键途径。通过赋予海外子公司更大的决策权和自主权，促进其更好地利用角色演变来创造本地优势和创新能力，进而为母公司财务绩效以及全球竞争力的提升做出重要贡献。为了更有效地发挥海外子公司的价值，EMNEs母公司应鼓励海外子公司积极探索新的商业模式，并为其提供必要的资源和支持。同时，母公司应加强自身的吸收能力，以更高效地从海外子公司获取、整合相关知识与技术，促进知识在跨国网络中的流动和利用，从而更有效地配置全球资源，提升竞争力，创造更大的商业价值。为了实现知识和技术的有效转移，母公司应建立完善的知识管理体系，鼓励母子公司之间的知识共享和互动学习。此外，对于EMNEs海外子公司而言，一方面，应注重吸收能力的提升，加强与东道国市场、母公司以及其他子公司的知识和技术交流，从而更有效地整合外部资源，促进知识转化和技术创新，为母公司建立全球知识库做出贡献；另一方面，应加强适应能力的培养，以更灵活地应对东道国环境变化，更快速地响应东道国市场需求，进而不断提升、维持和塑造竞争优势，成为母公司全球战略的重要支撑。

第二节　研究局限性及未来研究方向

本书对现有理论进行了有效的扩展与补充，提出了一系列新颖且富有洞察力的观点，为相关领域的研究注入了新的活力。然而，由于研究问题本身具有高度复杂性，以及研究过程中受到数据获取困难、研究样本局限性等条件限制，本书还存在一些不足之处。

一、研究局限

第一，本书主要基于知识资源助推视角，结合知识的获取、创造和应用过程，探讨海外子公司角色的演变机制，但忽略了可能影响海外子公司角色演变的其他因素。

第二，EMNEs海外子公司的区位分布及业务范围存在差异，而本书的探索性案例研究只选择了部分企业的海外子公司数据，还需要采集更多企业数据，以便丰富并完善现有研究。

第三，EMNEs以及海外子公司的样本量较少，虽然本书通过多种数据方法获取了212家上市公司的1696条观测值，但样本数据仍需要进一步扩充。

第四，未考虑海外子公司间的相互影响。

二、未来研究方向

结合相关研究的现状与发展趋势，鉴于本所存在的局限性，未来研究可以从以下方面完善与改进：

第一，综合考虑影响海外子公司战略角色形成与调整演变的多个层面因素。例如，综合考虑影响 EMNEs 海外子公司战略角色的国家层面、行业层面等的因素，对其形成与演变机理进行更深入的分析。

第二，对比分析 DMNEs 和 EMNEs 海外子公司战略角色形成与演变的机理，寻找其中的异同点，从而更好地为海外子公司角色研究做出贡献。

第三，进一步收集 EMNEs 以及其海外子公司数据，对其进行持续跟踪与深挖，探析 EMNEs 海外子公司角色的形成过程以及演变过程，并分析该过程对其他海外子公司绩效的影响，探寻其中的影响机制。

参考文献

[1]陈衍泰，李欠强，王丽，等．中国企业海外研发投资区位选择的影响因素：基于东道国制度质量的调节作用[J]. 科研管理，2016，37(3)：73-80.

[2]邓新明，毛凤义，周强，等．多市场接触与企业研发绩效：基于多市场接触细分视角[J]. 南开管理评论，2024，27(5)：105-116.

[3]杜晓君，杨勃，齐朝顺，等．外来者劣势的克服机制：组织身份变革：基于联想和中远的探索性案例研究[J]. 中国工业经济，2015，(12)：130-145.

[4]冯永春，苏萌萌，曹鑫锐．中国跨国企业海外子公司角色演变机制：基于知识资源助推视角的分析[J]. 经济管理，2023，45(11)：112-132.

[5]冯永春，苏萌萌，郑丽霞．海外子公司自主权对逆向知识转移的影响研究[J]. 科学学研究，2020，38(8)：1451-1463.

[6]郝瑾，王凤彬，王璁．海外子公司角色分类及其与管控方式的匹配效应：一项双层多案例定性比较分析[J]. 管理世界，2017(10)：150-171.

[7]黄胜，叶广宇，丁振阔．国际化速度、学习导向与国际新创企业的国际绩效[J]. 科学学与科学技术管理，2017，38(7)：141-154.

[8]黄胜，叶广宇，申素琴，周劲波．企业国际化速度研究述评[J]. 科研管理，2017，38(6)：125-134.

[9]李梅，朱韵，赵乔，等．研发国际化、动态能力与企业创新绩效

[J]. 中国软科学，2022(6)：169-180.

[10]李雪灵，樊镁汐，张向. 中小制造企业数字平台能力对其数字化转型的影响研究[J]. 管理学报，2024，21(10)：1445-1455.

[11]李元旭，王宇露. 东道国网络结构、位置嵌入与海外子公司网络学习：基于123家跨国公司在华子公司的实证[J]. 世界经济研究，2010(1)：63-67，75，89.

[12]刘娟，杨勃. 同构还是创新？中国企业海外子公司制度逻辑冲突的响应策略[J]. 经济管理，2021，43(9)：48-67.

[13]刘再起，彭思远，吴斯. 移民网络与我国OFDI绩效提升：基于上市企业海外子公司数据分析[J]. 学习与实践，2024(4)：72-83.

[14]罗彪，李明煜. 管理者短视对企业二元创新的影响：基于管理自由度和环境不确定性的调节作用[J]. 技术经济，2024，43(2)：106-117.

[15]罗珉，刘永俊. 企业动态能力的理论架构与构成要素[J]. 中国工业经济，2009(1)：75-86.

[16]罗兴武，刘敏，黄菲菲，等. 数字化转型研究：主题框架和未来展望[J]. 研究与发展管理，2024(6)：1-15.

[17]马鸿佳，王亚婧. 制造企业平台化转型如何打破"数据孤岛"？——基于人—数交互理论的混合方法研究[J]. 管理世界，2024，40(4)：176-200.

[18]宁烨，郭梦瑶，王释鹤. 海外子公司双元嵌入对创新绩效的影响研究：基于动态能力视角[J]. 科技管理研究，2021，41(11)：16-22.

[19]潘宏亮. 创业者吸收能力、双元创新战略对天生国际化企业成长绩效的影响[J]. 科学学与科学技术管理，2018，39(12)：94-110.

[20]庞博，邵云飞，王思梦. 联盟组合管理能力与企业创新绩效：吸收能力的中介效应[J]. 管理工程学报，2019，33(2)：28-35.

[21]蒲明，毕克新. 内部嵌入性、学习过程与跨国子公司发展研究[J]. 中国软科学，2017(4)：132-140.

[22]王立生，孙少博. 跨国公司子公司角色及其演进驱动因素的研究

[J]. 科技管理研究，2011，31(17)：198-202，210.

[23]魏江，刘嘉玲，刘洋. 新组织情境下创新战略理论新趋势和新问题[J]. 管理世界，2021，37(7)：182-197，13.

[24]魏江，王丁，刘洋. 来源国劣势与合法化战略：新兴经济企业跨国并购的案例研究[J]. 管理世界，2020，36(3)：101-120.

[25]魏江，王诗翔，杨洋. 向谁同构？中国跨国企业海外子公司对制度双元的响应[J]. 管理世界，2016(10)：134-149，188.

[26]温素彬，方苑. 企业社会责任与财务绩效关系的实证研究：利益相关者视角的面板数据分析[J]. 中国工业经济，2008（10）：150-160.

[27]吴冰，阎海峰，叶明珠. 国际化动因、经验与进入模式的关系研究[J]. 科研管理，2016，37(12)：105-113.

[28]吴波，杨步韵，杨燕. 中国国企跨国并购的合法性劣势及破解路径：基于制度组态的定性比较分析[J]. 经济管理，2022，44(12)：46-63.

[29]吴非，胡慧芷，林慧妍，等. 企业数字化转型与资本市场表现：来自股票流动性的经验证据[J]. 管理世界，2021，37(7)：130-144，10.

[30]吴先明. 我国企业跨国并购中的逆向知识转移[J]. 经济管理，2013，35(1)：57-69.

[31]吴小节，谭晓霞，汪秀琼，等. 新兴市场跨国公司国际扩张：知识框架与研究综述[J]. 南开管理评论，2019，22(6)：99-113，199.

[32]吴晓云，陈鹏飞. 信息技术对服务企业组织敏捷性影响的实证研究[J]. 外国经济与管理，2015，37(9)：80-96.

[33]吴义爽，蔡宁. 我国集群跨越式升级的“跳板”战略研究[J]. 中国工业经济，2010(10)：55-64.

[34]肖明月，郑亚莉，张海燕. 管理者能力与企业技术创新：异质性、机制识别与市场价值效应[J]. 社会科学战线，2022(5)：64-72.

[35]徐琦琦，王雷，刘璐. 跨国公司内部嵌入性对海外子公司绩效的影响：多重子公司角色的视角[J]. 管理评论，2024，36(12)：1-12.

［36］许晖，丁超，刘田田，王亚君．中国民营企业国际化的适应性成长路径与机制：基于华源集团的探索性案例研究［J］．经济管理，2022，44（7）：80-100.

［37］薛求知，侯仕军．海外子公司定位研究：从总部视角到子公司视角［J］．南开管理评论，2005（4）：33-36.

［38］姚加权，张锟澎，郭李鹏，等．人工智能如何提升企业生产效率？——基于劳动力技能结构调整的视角［J］．管理世界，2024，40（2）：101-116，133，117-122.

［39］衣长军，赵晓阳，黄媄．高管海外背景、进入模式与跨国企业海外子公司生存绩效［J］．经济理论与经济管理，2022，42（8）：88-100.

［40］张红娟，周常宝，孙为政，张丽．制度落差、社会资本与跨国公司海外子公司合法性［J］．管理学报，2015，12（7）：969-975.

［41］张俊彦，贾玉成，韩丰泽．东道国数字经济发展与中国跨国公司海外经营：基于中国上市公司数据的研究［J］．投资研究，2024，43（8）：104-122.

［42］张昆贤，武常岐，陈晓蓉．数字经济时代跨国企业子公司角色变革研究：内部化理论分析框架［J］．现代财经（天津财经大学学报），2022，42（11）：3-18.

［43］张娜，张亚佩，冯永春．EMNEs 海外子公司逆向知识转移机理研究［J］．科技管理研究，2021，41（13）：183-194.

［44］张竹，谢绚丽，武常岐，申宁．本土化还是一体化：中国跨国企业海外子公司网络嵌入的多阶段模型［J］．南开管理评论，2016，19（1）：16-29.

［45］赵景华．跨国公司海外子公司的三个理论流派比较研究［J］．南开管理评论，2001（6）：74-77.

［46］赵景华．跨国公司在华子公司成长与发展战略的实证研究［J］．管理世界，2002（10）：93-101.

［47］赵丽佳．市场感知能力、智能化转型与零售企业服务创新绩效

[J]. 商业经济研究，2024(23)：160-163.

[48]赵晓阳，衣长军，张吉鹏. 数字化转型对海外子公司地理布局的影响研究[J]. 科研管理，2024(5)：1-17.

[49]周超，许冠南，卢柯颖. 中国跨国企业母子公司结构的决策机制研究：基于松散耦合理论视角[J]. 管理工程学报，2024，38(2)：21-34.

[50]周伟，蔡凌云，吴先明，等. 新兴市场企业第一次跨境并购的速度及影响因素：跳板理论的视角[J]. 管理学刊，2024，37(4)：49-65.

[51]Achcaoucaou F, Miravitlles P, León-Darder F. Knowledge sharing and subsidiary R&D mandate development: A matter of dual embeddedness[J]. International Business Review, 2014, 23(1): 76-90.

[52]Adner R, Puranam P, Zhu F. What is different about digital strategy? From quantitative to qualitative change[J]. Strategy Science, 2019, 4(4): 253-261.

[53]Ahsan M, Fernhaber S A. Multinational enterprises: Leveraging a corporate international entrepreneurship lens for new insights into subsidiary initiatives[J]. Journal of International Management, 2019, 25(1): 51-65.

[54]Ai Q, Tan H. Uncovering neglected success factors in post-acquisition reverse capability transfer: Evidence from Chinese multinational corporations in Europe[J]. Journal of World Business, 2020, 55(3): 101053.

[55]Alharbi J, Gelaidan H, Al-Swidi A, et al. Control mechanisms employed between headquarters and subsidiaries in multinational enterprises (MNEs): An empirical study[J]. Review of International Business and Strategy, 2016, 26(4): 493-516.

[56]Almeida P, Phene A. Subsidiaries and knowledge creation: The influence of the MNC and host country on innovation[J]. Strategic Management Journal, 2004, 25(8-9): 847-886.

[57]Alofan F, Chen S, Tan H. National cultural distance, organizational culture, and adaptation of management innovations in foreign subsidiaries: A

fuzzy set analysis of TQM implementation in Saudi Arabia [J]. Journal of Business Research, 2020(109): 184-199.

[58]Ambos B, Kunisch S, Leicht-Deobald U, et al. Unravelling agency relations inside the MNC: The roles of socialization, goal conflicts and second principals in headquarters-subsidiary relationships[J]. Journal of World Business, 2019, 54(2): 67-81.

[59]Ambos T C, Ambos B, Schlegelmilch B B. Learning from foreign subsidiaries: An empirical investigation of headquarters' benefits from reverse knowledge transfers[J]. International Business Review, 2006, 15(3): 294-312.

[60]Ambos T C, Andersson U, Birkinshaw J. What are the consequences of initiative-taking in multinational subsidiaries? [J]. Journal of International Business Studies, 2010(41): 1099-1118.

[61]Andersson U, Forsgren M, Holm U. Balancing subsidiary influence in the federative MNC: A business network view[J]. Journal of International Business Studies, 2007(38): 802-818.

[62] Andersson U, Forsgren M, Pedersen T. Subsidiary performance in multinational corporations: The importance of technology embeddedness[J]. International Business Review, 2001, 10(1): 3-23.

[63] Andersson U, Forsgren M. Subsidiary embeddedness and control in the multinational corporation[J]. International Business Review, 1996, 5(5): 487-508.

[64]Ando N. Multinationals' intraregional geographic expansion and foreign subsidiary performance[J]. International Business Review, 2024, 33(1): 102208.

[65]Andrews D S, Fainshmidt S, Fitza M, et al. Disentangling the corporate effect on subsidiary performance[J]. Strategic Management Journal, 2023, 44(12): 2986-3011.

[66]Aras G, Aybars A, Kutlu O. Managing corporate performance: Investigating the relationship between corporate social responsibility and financial per-

formance in emerging markets[J]. International Journal of Productivity and Performance Management, 2010, 59(3): 229-254.

[67] Asakawa K, Park Y J, Song J, et al. Internal embeddedness, geographic distance, and global knowledge sourcing by overseas subsidiaries[J]. Journal of International Business Studies, 2018(49): 743-752.

[68] Ascani A, Nair L B, Iammarino S. Racing to the bottom or seeking legitimacy? National environmental performance and the location strategies of Chinese MNEs[J]. Journal of International Management, 2023, 29(2): 100993.

[69] Asmussen C G, Foss N J, Pedersen T. Knowledge transfer and accommodation effects in multinational corporations: Evidence from European subsidiaries[J]. Journal of Management, 2013, 39(6): 1397-1429.

[70] Awate S, Larsen M M, Mudambi R. Accessing vs sourcing knowledge: A comparative study of R&D internationalization between emerging and advanced economy firms[J]. Journal of International Business Studies, 2015(46): 63-86.

[71] Bai T, Du J, Solarino A M. Performance of foreign subsidiaries "in" and "from" Asia: A review, synthesis and research agenda[J]. Asia Pacific Journal of Management, 2018(35): 607-638.

[72] Balogun J, Fahy K, Vaara E. The interplay between HQ legitimation and subsidiary legitimacy judgments in HQ relocation: A social psychological approach[J]. Journal of International Business Studies, 2019(50): 223-249.

[73] Balogun J, Jarzabkowski P, Vaara E. Selling, resistance and reconciliation: A critical discursive approach to subsidiary role evolution in MNEs[J]. Journal of International Business Studies, 2011(42): 765-786.

[74] Banerjee S, Venaik S, Brewer P. Analysing corporate political activity in MNC subsidiaries through the integration-responsiveness framework[J]. International Business Review, 2019, 28(5).

[75] Bangara A, Freeman S, Schroder W. Legitimacy and accelerated in-

ternationalisation: An Indian perspective[J]. Journal of World Business, 2012, 47(4): 623-634.

[76]Barner-Rasmussen W, Björkman I. Language fluency, socialization and inter-unit relationships in Chinese and Finnish subsidiaries[J]. Management and Organization Review, 2007, 3(1): 105-128.

[77]Barner-Rasmussen W, Ehrnrooth M, Koveshnikov A, et al. Cultural and language skills as resources for boundary spanning within the MNC[J]. Journal of International Business Studies, 2014(45): 886-905.

[78]Bartlett C A, Ghoshal S. Tap your subsidiaries for global reach[J]. Harvard Business Review, 1986, 64(6): 87-94.

[79]Belaounia S, Tao R, Zhao H. Director foreign experience: Geographic specificity and value implication[J]. International Review of Financial Analysis, 2024(91): 102998.

[80]Benninghaus C. Impact of digitalization on the strategic management of international manufacturing networks: Configurations perspective[D]. Universität St. Gallen, 2019.

[81]Beugelsdijk S, Jindra B. Product innovation and decision-making autonomy in subsidiaries of multinational companies[J]. Journal of World Business, 2018, 53(4): 529-539.

[82]Beugelsdijk S, Nell P C, Ambos B. When do distance effects become empirically observable? An investigation in the context of headquarters value creation for subsidiaries[J]. Journal of International Management, 2017, 23(3): 255-267.

[83]Birkinshaw J M, Morrison A J. Configurations of strategy and structure in subsidiaries of multinational corporations[J]. Journal of International Business Studies, 1995(26): 729-753.

[84]Birkinshaw J, Hood N, Young S. Subsidiary entrepreneurship, internal and external competitive forces, and subsidiary performance[J]. International

Business Review, 2005, 14(2): 227-248.

[85] Birkinshaw J, Hood N. Multinational subsidiary evolution: Capability and charter change in foreign-owned subsidiary companies[J]. Academy of Management Review, 1998, 23(4): 773-795.

[86] Birkinshaw J, Lingblad M. Intrafirm competition and charter evolution in the multibusiness firm[J]. Organization Science, 2005, 16(6): 674-686.

[87] Birkinshaw J. Corporate entrepreneurship in network organizations: How subsidiary initiative drives internal market efficiency[J]. European Management Journal, 1998, 16(3): 355-364.

[88] Birkinshaw J. Entrepreneurship in multinational corporations: The characteristics of subsidiary initiatives[J]. Strategic Management Journal, 1997, 18(3): 207-229.

[89] Birkinshaw J. Multinational corporate evolution and subsidiary development[M]. Springer, 2016.

[90] Borini F M, Santos L L, Raziq M M, et al. The differentiated role of organizational ambidexterity and organizational innovation in the subsidiary reverse knowledge transfer process[J]. Journal of Knowledge Management, 2022, 26(1): 146-164.

[91] Bouquet C, Birkinshaw J. Weight versus voice: How foreign subsidiaries gain attention from corporate headquarters[J]. Academy of Management Journal, 2008, 51(3): 577-601.

[92] Bouquet C, Morrison A, Birkinshaw J. International attention and multinational enterprise performance[J]. Journal of International Business Studies, 2009(40): 108-131.

[93] Bower J L. Managing the resource allocation process: A study of corporate planning and investment[M]. Homewood, IL: Irwin, 1972.

[94] Brandt W K, Hulbert J M. Headquarters guidance in marketing strategy in the multinational subsidiary[J]. Columbia Journal of World Business, 1977,

12(4), 7-14.

[95]Bresman H. Changing routines: A process model of vicarious group learning in pharmaceutical R&D[J]. Academy of Management Journal, 2013, 56(1): 35-61.

[96]Buckley P J, Cui L, Chen L, et al. Following their predecessors' journey? A review of EMNE studies and avenues for interdisciplinary inquiry[J]. Journal of World Business, 2023, 58(2): 101422.

[97]Buckley P J, Ghauri P N. Globalisation, economic geography and the strategy of multinational enterprises [J]. Journal of International Business Studies, 2004(35): 81-98.

[98]Buckley P J. The role of management in international business theory: A meta-analysis and integration of the literature on international business and international management[J]. MIR: Management International Review, 1996: 7-54.

[99]Buckley P, Kandemir D, Liu S Y H, et al. An internalization perspective on subsidiaries' reputation and its impact on subsidiaries' marketing advantage: The moderating roles of resources and autonomy [J]. Journal of Business Research, 2024(175): 114565.

[100]Burgelman R A. A process model of internal corporate venturing in the diversified major firm [J]. Administrative Science Quarterly, 1983: 223-244.

[101]Caleb H T, Yim C K B, Yin E, et al. R&D activities and innovation performance of MNE subsidiaries: The moderating effects of government support and entry mode [J]. Technological Forecasting and Social Change, 2021 (166): 120603.

[102]Campbell J T, Eden L, Miller S R. Multinationals and corporate social responsibility in host countries: Does distance matter? [J]. Journal of International Business Studies, 2012(43): 84-106.

[103]Cantwell J, Mudambi R. MNE competence-creating subsidiary mandates[J]. Strategic Management Journal, 2005, 26(12): 1109-1128.

[104]Cao M, Alon I. Overcoming the liability of foreignness-A new perspective on Chinese MNCs[J]. Journal of Business Research, 2021(128): 611-626.

[105]Casciaro T, Piskorski M J. Power imbalance, mutual dependence, and constraint absorption: A closer look at resource dependence theory[J]. Administrative Science Quarterly, 2005, 50(2): 167-199.

[106]Castellani D, Perri A, Scalera V G. Knowledge integration in multinational enterprises: The role of inventors crossing national and organizational boundaries[J]. Journal of World Business, 2022, 57(3): 101290.

[107]Cavanagh A, Freeman S, Kalfadellis P, et al. How do subsidiaries assume autonomy? A refined application of agency theory within the subsidiary-headquarters context[J]. Global Strategy Journal, 2017, 7(2): 172-192.

[108]Cavanagh A, Freeman S. The development of subsidiary roles in the motor vehicle manufacturing industry[J]. International Business Review, 2012, 21(4): 602-617.

[109]Chan C M, Makino S. Legitimacy and multi-level institutional environments: Implications for foreign subsidiary ownership structure[J]. Journal of international Business Studies, 2007(38): 621-638.

[110]Chandler A D. Strategy and structure: Chapters in the history of the industrial empire[J]. Cambridge Mass, 1962, 5(1), 12-48.

[111]Chandler D. Organizational susceptibility to institutional complexity: Critical events driving the adoption and implementation of the ethics and compliance officer position[J]. Organization Science, 2014, 25(6): 1722-1743.

[112]Chang S J, Matsumoto Y. Dynamic resource redeployment in global semiconductor firms[J]. Strategic Management Journal, 2022, 43(2): 237-265.

[113] Chang S J. An evolutionary perspective on diversification and corporate restructuring: entry, exit, and economic performance during 1981–89 [J]. Strategic Management Journal, 1996, 17(8): 587–611.

[114] Chatterjee S, Chaudhuri R, Vrontis D, et al. Enterprise social network for knowledge sharing in MNCs: Examining the role of knowledge contributors and knowledge seekers for cross-country collaboration[J]. Journal of International Management, 2021, 27(1): 100827.

[115] Chatzopoulou E C, Lioukas S, Voudouris I. HQ controls, agency costs, and procedural justice [J]. Global Strategy Journal, 2024, 14 (3): 421–451.

[116] Chen I S Y. Driving lateral collaboration effectiveness across multinational enterprises: The antecedents and consequences [J]. Human Resource Management Journal, 2022, 32(2): 406–429.

[117] Chen W, Srinivasan S. Going digital: Implications for firm value and performance[J]. Review of Accounting Studies, 2024, 29(2): 1619–1665.

[118] Christofi M, Pereira V, Vrontis D, et al. Agility and flexibility in international business research: A comprehensive review and future research directions[J]. Journal of World Business, 2021, 56(3): 101194.

[119] Chung C C, Beamish P W. The impact of institutional reforms on characteristics and survival of foreign subsidiaries in emerging economies [J]. Journal of Management Studies, 2005, 42(1): 35–62.

[120] Ciuk S, James P, Śliwa M. Micropolitical dynamics of interlingual translation processes in an MNC subsidiary[J]. British Journal of Management, 2019, 30(4): 926–942.

[121] Clark K, Ramachandran I. Subsidiary entrepreneurship and entrepreneurial opportunity: An institutional perspective [J]. Journal of International Management, 2019, 25(1): 37–50.

[122] Claver–Cortés E, Zaragoza–Sáez P, Úbeda–García M, et al. Strategic

knowledge management in subsidiaries and MNC performance. The role of the relational context [J]. Journal of Knowledge Management, 2018, 22(5): 1153-1175.

[123] Coff R W. When competitive advantage doesn't lead to performance: The resource-based view and stakeholder bargaining power [J]. Organization Science, 1999, 10(2): 119-133.

[124] Cray D. Control and coordination in multinational corporations [J]. Journal of International Business Studies, 1984(15): 85-98.

[125] Cuervo-Cazurra A, Duran P, Arregle J L, et al. Host country politics and internationalization: A meta-analytic review [J]. Journal of Management Studies, 2023, 60(1): 204-241.

[126] Cuervo-Cazurra A, Ramamurti R. Understanding multinationals from emerging markets [M]. Cambridge: Cambridge University Press, 2014.

[127] Daft R L, Weick K E. Toward a model of organizations as interpretation systems [J]. Academy of Management Review, 1984, 9(2): 284-295.

[128] Daniels J D, Pitts R A, Tretter M J. Strategy and structure of US multinationals: An exploratory study [J]. Academy of Management Journal, 1984, 27(2): 292-307.

[129] Davies S, Froese F J, Chng D H M, et al. Improving subsidiary performance via inpatriate assignments: The role of host country national subsidiary CEOs' social ties and motivational cultural intelligence [J]. Journal of World Business, 2023, 58(5): 101460.

[130] Davis L N, Meyer K E. Subsidiary research and development, and the local environment [J]. International Business Review, 2004, 13(3): 359-382.

[131] De Beule F, Van Beveren I. Sources of open innovation in foreign subsidiaries: An enriched typology [J]. International Business Review, 2019, 28(1): 135-147.

[132]Decreton B, Dellestrand H, Kappen P, et al. Beyond simple configurations: The dual involvement of divisional and corporate headquarters in subsidiary innovation activities in multibusiness firms[J]. Management International Review, 2017(57): 855-878.

[133]Decreton B, Nell P C, Stea D. Headquarters involvement, socialization, and entrepreneurial behaviors in MNC subsidiaries[J]. Long Range Planning, 2019, 52(4): 101839.

[134] Delany E. Strategic development of the multinational subsidiary through subsidiary initiative-taking[J]. Long Range Planning, 2000, 33(2): 220-244.

[135] Dellestrand H, Kappen P. The effects of spatial and contextual factors on headquarters resource allocation to MNE subsidiaries[J]. Journal of International Business Studies, 2012(43): 219-243.

[136]Deng Z, Jean R J B, Sinkovics R R. Rapid expansion of international new ventures across institutional distance[J]. Journal of International Business Studies, 2018, 49(8): 1010-1032.

[137]Deng Z, Liesch P W, Wang Z. Deceptive signaling on globalized digital platforms: Institutional hypnosis and firm internationalization[J]. Journal of International Business Studies, 2021(52): 1096-1120.

[138]Dhanaraj C. Legitimacy and stability of Japanese overseas subsidiaries [M]. Richard Ivey School of Business, 2000.

[139]Dickler T A, Folta T B, Giarratana M S, et al. The value of flexibility in multi-business firms[J]. Strategic Management Journal, 2022, 43(12): 2602-2628.

[140]Dividino V, Cahen F, Berte E. Multinational R&D decentralization in emerging markets: Subsidiary evolution, autonomy, and influence in global innovation[J]. R&D Management, 2024.

[141]Dörrenbächer C, Gammelgaard J. Subsidiary power in multinational

corporations: The subtle role of micro-political bargaining power[J]. Critical Perspectives on International Business, 2011, 7(1): 30-47.

[142]Dörrenbächer C, Geppert M. Subsidiary staffing and initiative-taking in multinational corporations: A socio-political perspective[J]. Personnel Review, 2010, 39(5): 600-621.

[143]Doz Y, Prahalad C K. Patterns of strategic control within multinational corporations[J]. Journal of International Business Studies, 1984(15): 55-72.

[144]Driffield N, Love J H, Yang Y. Reverse international knowledge transfer in the MNE: (Where) does affiliate performance boost parent performance? [J]. Research Policy, 2016, 45(2): 491-506.

[145]Dunning J H. Internationalizing Porter's diamond[J]. MIR: Management International Review, 1993: 7-15.

[146]Dzikowska M. The Role of the Subsidiary in International Business [M]. Springer International Publishing, 2019.

[147]Eden L. The fourth industrial revolution: Seven lessons from the past [M]//International business in the information and digital age. Emerald Publishing Limited, 2018: 15-35.

[148]Egelhoff W G. Strategy and structure in multinational corporations: An information-processing approach[J]. Administrative Science Quarterly, 1982: 435-458.

[149]Eisenhardt K M, Graebner M E. Theory building from cases: Opportunities and challenges[J]. Academy of Management Journal, 2007, 50(1): 25-32.

[150]Eisenhardt K M. Building theories from case study research[J]. Academy of Management Review, 1989, 14(4): 532-550.

[151]Elia S, Santangelo G D. The evolution of strategic asset-seeking acquisitions by emerging market multinationals[J]. International Business Review, 2017, 26(5): 855-866.

[152] Eshima Y, Anderson B S. Firm growth, adaptive capability, and entrepreneurial orientation [J]. Strategic Management Journal, 2017, 38 (3): 770-779.

[153] Etemad H. The competitive context of strategic orientation and strategy formulation in entrepreneurial and strategic internationalization: Multiple-player and multiple-period games [J]. Journal of International Entrepreneurship, 2019 (17): 279-286.

[154] Evers N, Andersson S. Predictive and effectual decision-making in high-tech international new ventures-A matter of sequential ambidexterity [J]. International Business Review, 2021, 30(1): 101655.

[155] Faems D, Bos B, Noseleit F, et al. Multistep knowledge transfer in multinational corporation networks: When do subsidiaries benefit from unconnected sister alliances? [J]. Journal of Management, 2020, 46(3): 414-442.

[156] Feinberg S E, Gupta A K. MNC subsidiaries and country risk: Internalization as a safeguard against weak external institutions [J]. Academy of Management Journal, 2009, 52(2): 381-399.

[157] Fernάndez-Méndez L, García-Canal E, Guillén M F. Power transitions in the host country and the survival of subsidiaries in infrastructure industries [J]. Global Strategy Journal, 2019, 9(2): 275-302.

[158] Ferraris A, Santoro G, Bresciani S. Open innovation in multinational companies' subsidiaries: The role of internal and external knowledge [J]. European Journal of International Management, 2017, 11(4): 452-468.

[159] Fink L, Neumann S. Gaining agility through IT personnel capabilities: The mediating role of IT infrastructure capabilities [J]. Journal of the Association for Information Systems, 2007, 8(8): 25.

[160] Fleury A, Fleury M T L, Oliveira L, et al. Going digital EMNEs: The role of digital maturity capability [J]. International Business Review, 2024: 102271.

[161] Fu X, Sun Z, Ghauri P N. Reverse knowledge acquisition in emerging market MNEs: The experiences of Huawei and ZTE [J]. Journal of Business Research, 2018(93): 202–215.

[162] Garcia-Pont C, Canales J I, Noboa F. Subsidiary strategy: The embeddedness component [J]. Journal of Management Studies, 2009, 46 (2): 182–214.

[163] Garud R, Nayyar P R. Transformative capacity: Continual structuring by intertemporal technology transfer[J]. Strategic Management Journal, 1994, 15 (5): 365–385.

[164] Gaur A S, Kumar V, Sarathy R. Liability of foreignness and internationalisation of emerging market firms[M]//Dynamics of globalization: Location-specific advantages or liabilities of foreignness? . Emerald Group Publishing Limited, 2011: 211–233.

[165] Gaur A S, Ma H, Ge B. MNC strategy, knowledge transfer context, and knowledge flow in MNEs[J]. Journal of Knowledge Management, 2019, 23 (9): 1885–1900.

[166] Gaur A, Delios A. International diversification of emerging market firms: The role of ownership structure and group affiliation[J]. Management International Review, 2015(55): 235–253.

[167] Gaur A, Pattnaik C, Singh D, et al. Societal trust, formal institutions, and foreign subsidiary staffing[J]. Journal of International Business Studies, 2022, 53(6): 1045–1061.

[168] Gavetti G, Greve H R, Levinthal D A, et al. The behavioral theory of the firm: Assessment and prospects [J]. Academy of Management Annals, 2012, 6(1): 1–40.

[169] Gawer A. Digital platforms' boundaries: The interplay of firm scope, platform sides, and digital interfaces [J]. Long Range Planning, 2021, 54 (5): 102045.

[170]Gehman J, Trevino L K, Garud R. Values work: A process study of the emergence and performance of organizational values practices[J]. Academy of Management Journal, 2013, 56(1): 84-112.

[171]Geleilate J M G, Andrews D S, Fainshmidt S. Subsidiary autonomy and subsidiary performance: A meta-analysis[J]. Journal of World Business, 2020, 55(4): 101049.

[172]George G, Schillebeeckx S J D. Digital transformation, sustainability, and purpose in the multinational enterprise[J]. Journal of World Business, 2022, 57(3): 101326.

[173]Ghosh D, Olsen L. Environmental uncertainty and managers' use of discretionary accruals[J]. Accounting, Organizations and Society, 2009, 34(2): 188-205.

[174]Ghoshal S, Bartlett C A. Creation, adoption and diffusion of innovations by subsidiaries of multinational corporations[J]. Journal of International Business Studies, 1988(19): 365-388.

[175]Ghoshal S, Bartlett C A. The multinational corporation as an interorganizational network[J]. Academy of Management Review, 1990, 15(4): 603-626.

[176] Ghoshal S, Nohria N. Internal differentiation within multinational corporations[J]. Strategic Management Journal, 1989, 10(4): 323-337.

[177]Gillmore E. Mandate dynamics and the importance of mandate loss for subsidiary evolution[J]. International Business Review, 2022, 31(6): 101994.

[178]Gilmore E, Andersson U, Memar N. How subsidiaries influence innovation in the MNE value chain[J]. Transnational Corporations, 2018, 25(1): 73-100.

[179]Gioia D A, Corley K G, Hamilton A L. Seeking qualitative rigor in inductive research: Notes on the Gioia methodology[J]. Organizational Research Methods, 2013, 16(1): 15-31.

[180] Gnyawali D R, Singal M. Knowledge ties among subsidiaries in MNCs: A multi-level conceptual model[J]. Journal of International Management, 2009, 15(4): 387-400.

[181] Gorgijevski A N, Andrews D S. Getting the seal of approval: Pathways to subsidiary initiative acceptance[J]. Journal of International Management, 2022, 28(2): 100879.

[182] Gruber W, Mehta D, Vernon R. The R & D factor in international trade and international investment of United States industries[J]. Journal of Political Economy, 1967, 75(1): 20-37.

[183] Gupta A K, Govindarajan V. Knowledge flows and the structure of control within multinational corporations[J]. Academy of Management Review, 1991, 16(4): 768-792.

[184] Gutierrez-Huerter O G, Moon J, Gold S, et al. Micro-processes of translation in the transfer of practices from MNE headquarters to foreign subsidiaries: The role of subsidiary translators[J]. Journal of International Business Studies, 2020(51): 389-413.

[185] Han X. Risk management, legitimacy, and the overseas subsidiary performance of emerging market MNEs [J]. International Business Review, 2021, 30(4): 101732.

[186] He X, Zhang J. Emerging market MNCs' cross-border acquisition completion: Institutional image and strategies[J]. Journal of Business Research, 2018(93): 139-150.

[187] Hedlund G. The hypermodern MNC—A heterarchy? [J]. Human Resource Management, 1986, 25(1), 9-35.

[188] Hedlund G. The role of foreign subsidiaries in strategic decision-making in Swedish multinational corporations[J]. Strategic Management Journal, 1980, 1(1): 23-36.

[189] Helfat C E, Kaul A, Ketchen Jr D J, et al. Renewing the resource-

based view: New contexts, new concepts, and new methods[J]. Strategic Management Journal, 2023, 44(6): 1357-1390.

[190]Hendriks G, Slangen A H L, Heugens P P. How cross-cultural experience shapes emerging-market multinationals' domestic performance after a cross-border acquisition[J]. Long Range Planning, 2023, 56(4): 102342.

[191]Hernandez E, Guillén M F. What's theoretically novel about emerging-market multinationals? [J]. Journal of International Business Studies, 2018(49): 24-33.

[192]Hernes T. A process theory of organization[M]. Oup Oxford, 2014.

[193]Ho J, Pang C, Choy C. Content marketing capability building: A conceptual framework[J]. Journal of Research in Interactive Marketing, 2020, 14(1): 133-151.

[194]Hoenen A K, Kostova T. Utilizing the broader agency perspective for studying headquarters-subsidiary relations in multinational companies[J]. Journal of International Business Studies, 2015(46): 104-113.

[195]Huang K G, Li J. Adopting knowledge from reverse innovations? Transnational patents and signaling from an emerging economy[J]. Journal of International Business Studies, 2019(50): 1078-1102.

[196]Hughes N, Chandy R. Commentary: Trajectories and twists: Perspectives on marketing agility from emerging markets[J]. Journal of Marketing, 2021, 85(1): 59-63.

[197]Isaac V R, Borini F M, Raziq M M, et al. From local to global innovation: The role of subsidiaries' external relational embeddedness in an emerging market[J]. International Business Review, 2019, 28(4): 638-646.

[198]Iwashita H. Language and identity in the shadow: A multi-case study of a Japanese multinational Corporation[J]. International Business Review, 2022, 31(2): 101913.

[199]Jaeger A M. The transfer of organizational culture overseas: An ap-

proach to control in the multinational corporation[J]. Journal of International Business Studies, 1983(14): 91-114.

[200]Jankowska B, Bartosik-Purgat M, Olejnik I. The reverse transfer of knowledge in MNEs: The perspective of foreign subsidiaries in a post-transition country[J]. Journal of Intellectual Capital, 2021, 22(6): 1082-1105.

[201]Jarillo J C, Martíanez J I. Different roles for subsidiaries: The case of multinational corporations in Spain[J]. Strategic Management Journal, 1990, 11(7): 501-512.

[202]Jiang J, Xie K. Study on the Relationship Between Dual Network Embeddedness and Subsidiary Innovative Performance: The Mediating Effect of Absorptive Capacity[J]. International Journal of Knowledge Management, 2024, 20(1): 1-20.

[203]Jiang L, Chang Z, Yao W, et al. Transcend local for global: ESG as a legitimacy signal in the global expansion of emerging multinational enterprises[J]. Finance Research Letters, 2024(69): 106174.

[204]Jimenéz-Jimenéz D, Martínez-Costa M, Sanz-Valle R. Innovation, organizational learning orientation and reverse knowledge transfer in multinationals companies[J]. Electronic Journal of Knowledge Management, 2014, 12(1): 4755.

[205]Johanson J, Vahlne J E. The Uppsala internationalization process model revisited: From liability of foreignness to liability of outsidership[J]. Journal of International Business Studies, 2009, 40(9): 1411-1431.

[206]Johnson G, Scholes K, Whittington R. Exploring corporate strategy[J]. 2008.

[207]Joseph J, Wilson A J. The growth of the firm: An attention-based view[J]. Strategic Management Journal, 2018, 39(6): 1779-1800.

[208]Ju X, Wang G, Fu Y. Linking networking capability and ambidextrous innovation strategies: The mediating roles of knowledge assimilation application

and knowledge transformation application[J]. Journal of Knowledge Management, 2023, 27(6): 1534-1561.

[209] Kaiser U, Sofka W, Grimpe C. Creating marketing innovation abroad: The value of marketing professionals in foreign MNC subsidiaries[J]. Industrial Marketing Management, 2023(112): 145-159.

[210] Kaufmann L, Roesch J F. Constraints to building and deploying marketing capabilities by emerging market firms in advanced markets[J]. Journal of International Marketing, 2012, 20(4): 1-24.

[211] Kawai N, Chung C. Expatriate utilization, subsidiary knowledge creation and performance: The moderating role of subsidiary strategic context[J]. Journal of World Business, 2019, 54(1): 24-36.

[212] Kedia B, Gaffney N, Clampit J. EMNEs and knowledge-seeking FDI [J]. Management International Review, 2012(52): 155-173.

[213] Kim H, Reiche B S, Harzing A W. How does successive inpatriation contribute to subsidiary capability building and subsidiary evolution? An organizational knowledge creation perspective[J]. Journal of International Business Studies, 2022, 53(7): 1394-1419.

[214] Kim K T, Rhee S K, Oh J. The strategic role evolution of foreign automotive parts subsidiaries in China: A case study from the perspective of capabilities evolution[J]. International Journal of Operations & Production Management, 2011, 31(1): 31-55.

[215] Konara P, Lopez C, Shirodkar V. Environmental innovation in foreign subsidiaries: The role of home-ecological institutions, subsidiary establishment mode and post-establishment experience[J]. Journal of World Business, 2021, 56(6): 101261.

[216] Kong L, Ciabuschi F, Martín O M. Expatriate managers' relationships and reverse knowledge transfer within emerging market MNCs: The mediating role of subsidiary willingness[J]. Journal of Business Research, 2018(93): 216-229.

[217]Kostova T, Nell P C, Hoenen A K. Understanding agency problems in headquarters-subsidiary relationships in multinational corporations: A contextualized model[J]. Journal of Management, 2018, 44(7): 2611-2637.

[218]Kumar V, Gaur A S, Pattnaik C. Product diversification and international expansion of business groups: Evidence from India[J]. Management International Review, 2012(52): 175-192.

[219]Kumar V, Singh D, Purkayastha A, et al. Springboard internationalization by emerging market firms: Speed of first cross-border acquisition[J]. Journal of International Business Studies, 2020(51): 172-193.

[220]Kumaraswamy A, Garud R, Ansari S. Perspectives on disruptive innovations[J]. Journal of Management Studies, 2018, 55(7): 1025-1042.

[221]Lagerström K, Schweizer R, Jakobsson J. Building R&D capability in subsidiaries-conceptualization of a process perspective[J]. Multinational Business Review, 2019, 27(1): 35-53.

[222]Langley A N N, Smallman C, Tsoukas H, et al. Process studies of change in organization and management: Unveiling temporality, activity, and flow[J]. Academy of Management Journal, 2013, 56(1): 1-13.

[223]Lee J M. MNCs as dispersed structures of power: Performance and management implications of power distribution in the subsidiary portfolio[J]. Journal of International Business Studies, 2022: 1-30.

[224]Lee J Y, Jiménez A, Bhandari K R. Subsidiary roles and dual knowledge flows between MNE subsidiaries and headquarters: The moderating effects of organizational governance types[J]. Journal of Business Research, 2020(108): 188-200.

[225]Lee J Y, Kim D, Choi B, et al. Early evidence on how Industry 4.0 reshapes MNEs' global value chains: The role of value creation versus value capturing by headquarters and foreign subsidiaries[J]. Journal of International Business Studies, 2023, 54(4): 599.

[226] Li J, Yang J Y, Yue D R. Identity, community, and audience: How wholly owned foreign subsidiaries gain legitimacy in China[J]. Academy of Management Journal, 2007, 50(1): 175-190.

[227] Li X, Quan R, Stoian M C, et al. Do MNEs from developed and emerging economies differ in their location choice of FDI? A 36-year review[J]. International Business Review, 2018, 27(5): 1089-1103.

[228] Liou R S, Rao-Nicholson R. Multinational enterprises and Sustainable Development Goals: A foreign subsidiary perspective on tackling wicked problems [J]. Journal of International Business Policy, 2021, 4(1): 136-151.

[229] Liu T, Li X. How do MNCs conduct local technological innovation in a host country? An examination from subsidiaries' perspective[J]. Journal of International Management, 2022, 28(3): 100951.

[230] Liu X, Gao L, Lu J, et al. Environmental risks, localization and the overseas subsidiary performance of MNEs from an emerging economy[J]. Journal of World Business, 2016, 51(3): 356-368.

[231] Liu Y, Meyer K E. Boundary spanners, HRM practices, and reverse knowledge transfer: The case of Chinese cross-border acquisitions[J]. Journal of World Business, 2020, 55(2): 100958.

[232] Lockström M, Schadel J, Harrison N, et al. Antecedents to supplier integration in the automotive industry: A multiple - case study of foreign subsidiaries in China[J]. Journal of Operations Management, 2010, 28(3): 240-256.

[233] Lu J W, Beamish P W. The internationalization and performance of SMEs[J]. Strategic Management Journal, 2001, 22(6-7): 565-586.

[234] Lu J W, Song Y, Shan M. Social trust in subnational regions and foreign subsidiary performance: Evidence from foreign investments in China[J]. Journal of International Business Studies, 2018(49): 761-773.

[235] Lu Y, K. (Ram) Ramamurthy. Understanding the link between in-

formation technology capability and organizational agility: An empirical examination[J]. MIS Quarterly, 2011: 931-954.

[236]Lu Y, Zhou L, Bruton G, et al. Capabilities as a mediator linking resources and the international performance of entrepreneurial firms in an emerging economy[J]. Journal of international Business Studies, 2010(41): 419-436.

[237]Lunnan R, Meyer K, Mudambi R, et al. The impact of knowledge and financial resource flows for MNE strategy: A typology of subsidiary roles[J]. International Business Review, 2023, 32(6): 102190.

[238]Lunnan R, Tomassen S, Andersson U, et al. Dealing with headquarters in the multinational corporation: A subsidiary perspective on organizing costs [J]. Journal of Organization Design, 2019(8): 1-24.

[239] Luo Y, Bu J. Contextualizing international strategy by emerging market firms: A composition-based approach[J]. Journal of World Business, 2018, 53(3): 337-355.

[240] Luo Y, Tung R L. A general theory of springboard MNEs[J]. Journal of International Business Studies, 2018(49): 129-152.

[241]Luo Y, Tung R L. International expansion of emerging market enterprises: A springboard perspective[J]. Journal of International Business Studies, 2007(38): 481-498.

[242]Luo Y, Witt M A. Springboard MNEs under de-globalization[J]. Journal of International Business Studies, 2021: 1-14.

[243]Luo Y, Zhang H, Bu J. Developed country MNEs investing in developing economies: Progress and prospect[J]. Journal of International Business Studies, 2019(50): 633-667.

[244]Luo Y. Illusions of techno-nationalism[J]. Journal of International Business Studies, 2021, 53(3): 550.

[245]Luo Y. Market-seeking MNEs in an emerging market: How parent-subsidiary links shape overseas success[J]. Journal of International Business

Studies, 2003, 34(3): 290-309.

[246] Magomedova N, Achcaoucaou F, Miravitlles P. The nascence of a springboard subsidiary: Drivers of the evolution of a subsidiary role[J]. Management Decision, 2022, 60(5): 1469-1491.

[247] Mäkelä K, Andersson U, Seppälä T. Interpersonal similarity and knowledge sharing within multinational organizations[J]. International Business Review, 2012, 21(3): 439-451.

[248] Maley J F. Contextual complexity: Understanding unique appraisal reactions of top subsidiary managers[J]. European Management Journal, 2024.

[249] Manolopoulos D. A systematic review of the literature and theoretical analysis of subsidiary roles[J]. Journal of Transnational Management, 2008, 13(1): 23-57.

[250] Marin A, Bell M. The local/global integration of MNC subsidiaries and their technological behaviour: Argentina in the late 1990s[J]. Research Policy, 2010, 39(7): 919-931.

[251] McEvily S K, Chakravarthy B. The persistence of knowledge-based advantage: An empirical test for product performance and technological knowledge[J]. Strategic Management Journal, 2002, 23(4): 285-305.

[252] Meyer K E, Fang T, Panibratov A Y, et al. International business under sanctions[J]. Journal of World Business, 2023, 58(2): 101426.

[253] Meyer K E, Li C, Schotter A P J. Managing the MNE subsidiary: Advancing a multi-level and dynamic research agenda[J]. Journal of International Business Studies, 2020(51): 538-576.

[254] Meyer K E, Li C. The MNE and its subsidiaries at times of global disruptions: An international relations perspective[J]. Global Strategy Journal, 2022, 12(3): 555-577.

[255] Meyer K E, Peng M W. Theoretical foundations of emerging economy business research[J]. Journal of International Business Studies, 2016(47):

3-22.

[256]Meyer K E, Su Y S. Integration and responsiveness in subsidiaries in emerging economies[J]. Journal of World Business, 2015, 50(1): 149-158.

[257]Michailova S, Mustaffa Z. Subsidiary knowledge flows in multinational corporations: Research accomplishments, gaps, and opportunities[J]. Journal of World Business, 2012, 47(3): 383-396.

[258]Miles R E, Snow C C. Organizations: New concepts for new forms [J]. California Management Review, 1986, 28(3): 62-73.

[259]Miller D, Friesen P H, Mintzberg H. Organizations: A quantum view [M]. Prentice Hall, 1984.

[260]Minbaeva D, Santangelo G D. Boundary spanners and intra-MNC knowledge sharing: The roles of controlled motivation and immediate organizational context[J]. Global Strategy Journal, 2018, 8(2): 220-241.

[261]Mintzberg H. Covert leadership: Notes on managing professionals [J]. Harvard Business Review, 1998(76): 140-148.

[262]Mithani M A. Liability of foreignness, natural disasters, and corporate philanthropy[J]. Journal of International Business Studies, 2017(48): 941-963.

[263]Monaghan S, Tippmann E, Coviello N. Born digitals: Thoughts on their internationalization and a research agenda[J]. Journal of International Business Studies, 2020(51): 11-22.

[264]Morgan N A, Feng H, Whitler K A. Marketing capabilities in international marketing[J]. Journal of International Marketing, 2018, 26(1): 61-95.

[265]Moschieri C, Ravasi D, Huy Q. Why do some multinational firms respond better than others to the hostility of host governments? Proximal embedding and the side effects of local partnerships[J]. Journal of Management Studies, 2024, 61(2): 627-685.

[266]Mudambi R, Pedersen T, Andersson U. How subsidiaries gain power

in multinational corporations[J]. Journal of World Business, 2014, 49(1): 101-113.

[267]Mudambi R, Piscitello L, Rabbiosi L. Reverse knowledge transfer in MNEs: Subsidiary innovativeness and entry modes[J]. Long Range Planning, 2014, 47(1-2): 49-63.

[268]Mudambi R. Location, control and innovation in knowledge-intensive industries[J]. Journal of Economic Geography, 2008, 8(5): 699-725.

[269]Munjal S, Bhasin N, Nandrajog D, et al. Examining the evolution of emerging market multinational enterprises' competitive advantages: Evidence from India[J]. Journal of Business Research, 2022(145): 732-744.

[270] Nadayama N. Isolated foreign subsidiary's initiative in knowledge transfer within the MNE[J]. Journal of International Management, 2019, 25(2): 100652.

[271]Nadkarni S, Prügl R. Digital transformation: A review, synthesis and opportunities for future research[J]. Management Review Quarterly, 2021(71): 233-341.

[272]Nair S R, Demirbag M, Mellahi K, et al. Do parent units benefit from reverse knowledge transfer? [J]. British Journal of Management, 2018, 29(3): 428-444.

[273]Nair S R, Demirbag M, Mellahi K. Reverse knowledge transfer from overseas acquisitions: A survey of Indian MNEs[J]. Management International Review, 2015(55): 277-301.

[274]Nair S R, Demirbag M, Mellahi K. Reverse knowledge transfer in emerging market multinationals: The Indian context[J]. International Business Review, 2016, 25(1): 152-164.

[275]Najafi-Tavani Z, Giroud A, Andersson U. The interplay of networking activities and internal knowledge actions for subsidiary influence within MNCs[J]. Journal of World Business, 2014, 49(1): 122-131.

[276] Najafi-Tavani Z, Zaefarian G, Naudé P, et al. Reverse knowledge transfer and subsidiary power[J]. Industrial Marketing Management, 2015(48): 103-110.

[277] Nambisan S, Luo Y. Toward a loose coupling view of digital globalization[J]. Journal of International Business Studies, 2021, 52(8): 1646-1663.

[278] Nassimbeni G, Orzes G, Sartor M. Strategic types and competences of domestic and foreign plants: An empirical study[J]. Global Business Review, 2018, 19(4): 817-841.

[279] Nell P C, Puck J, Heidenreich S. Strictly limited choice or agency? Institutional duality, legitimacy, and subsidiaries' political strategies[J]. Journal of World Business, 2015, 50(2): 302-311.

[280] O' Donnell S W. Managing foreign subsidiaries: agents of headquarters, or an interdependent network? [J]. Strategic Management Journal, 2000, 21(5): 525-548.

[281] O'Brien D, Sharkey Scott P, Andersson U, et al. The microfoundations of subsidiary initiatives: How subsidiary manager activities unlock entrepreneurship[J]. Global Strategy Journal, 2019, 9(1): 66-91.

[282] Ocasio W, Laamanen T, Vaara E. Communication and attention dynamics: An attention-based view of strategic change[J]. Strategic Management Journal, 2018, 39(1): 155-167.

[283] Ocasio W. Attention to attention[J]. Organization Science, 2011, 22(5): 1286-1296.

[284] Papanastassiou M, Pearce R. The Creation and Application of Technology by MNEs' Subsidiaries in Europe[M]//International Business and Europe in Transition. London: Macmillan Education UK, 1996: 207-230.

[285] Park B I. What matters to managerial knowledge acquisition in international joint ventures? High knowledge acquirers versus low knowledge acquirers [J]. Asia Pacific Journal of Management, 2010(27): 55-79.

[286]Park H, Chung C C. The role of subsidiary learning behavior and absorptive capacity in foreign subsidiary expansion[J]. International Business Review, 2019, 28(4): 685-695.

[287]Park J, Yoon W. A foreign subsidiary's largest shareholder, entry mode, and divestitures: The moderating role of foreign investment inducement policies[J]. European Research on Management and Business Economics, 2022, 28(3): 100197.

[288]Pattnaik C, Singh D, Gaur A S. Home country learning and international expansion of emerging market multinationals[J]. Journal of International Management, 2021, 27(3): 100781.

[289]Pearce R D. World product mandates and MNE specialization[J]. Scandinavian International Business Review, 1992, 1(2): 38-58.

[290]Pearce R. The evolution of technology in multinational enterprises: The role of creative subsidiaries[J]. International Business Review, 1999, 8(2): 125-148.

[291]Peltokorpi V, Yamao S. Corporate language proficiency in reverse knowledge transfer: A moderated mediation model of shared vision and communication frequency[J]. Journal of World Business, 2017, 52(3): 404-416.

[292]Peng G Z, Beamish P W. Subnational FDI legitimacy and foreign subsidiary survival [J]. Journal of International Management, 2019, 25(3): 100662.

[293]Peng G Z. FDI legitimacy and MNC subsidiary control: From legitimation to competition[J]. Journal of International Management, 2012, 18(2): 115-131.

[294]Peng M W. The resource-based view and international business[J]. Journal of Management, 2001, 27(6): 803-829.

[295]Petricevic O, Teece D J. The structural reshaping of globalization: Implications for strategic sectors, profiting from innovation, and the multinational

enterprise [J]. Journal of International Business Studies, 2019, 50 (9): 1487-1512.

[296]Phelps N A, Fuller C. Inertia and change in multinational enterprise subsidiary capabilities: An evolutionary economic geography framework[J]. Journal of Economic Geography, 2015, 16(1), 109-130.

[297]Phene A, Almeida P. Innovation in multinational subsidiaries: The role of knowledge assimilation and subsidiary capabilities[J]. Journal of International Business Studies, 2008(39): 901-919.

[298]Prahalad C K, Doz Y L. The multinational mission: Balancing local demands and global vision[M]. Simon and Schuster, 1987.

[299]Prahalad C K. Strategic choices in diversified MNCs[J]. Harvard Business Review, 1976(7-8): 67-78.

[300] Prashantham S, Birkinshaw J. MNE - SME cooperation: An integrative framework[J]. Journal of International Business Studies, 2020(51): 1161-1175.

[301]Prashantham S, Kumar K, Bhattacharyya S. International new ventures from emerging economies: Network connectivity and legitimacy building [J]. Management and Organization Review, 2019, 15(3): 615-641.

[302]Procher V D, Engel D. The investment-divestment relationship: Resource shifts and intersubsidiary competition within MNEs[J]. International Business Review, 2018, 27(3): 528-542.

[303]Rabbiosi L, Santangelo G D. Parent company benefits from reverse knowledge transfer: The role of the liability of newness in MNEs[J]. Journal of World Business, 2013, 48(1): 160-170.

[304]Rabbiosi L. Subsidiary roles and reverse knowledge transfer: An investigation of the effects of coordination mechanisms[J]. Journal of International Management, 2011, 17(2): 97-113.

[305]Ramamurti R, Williamson P J. Rivalry between emerging-market

MNEs and developed-country MNEs: Capability holes and the race to the future [J]. Business Horizons, 2019, 62(2): 157-169.

[306]Raziq M M, Benito G R G, Kang Y. Multinational enterprise organizational structures and subsidiary role and capability development: The moderating role of establishment mode[J]. Group & Organization Management, 2023, 48(3): 908-952.

[307]Raziq M M, Benito G R G, Toulson P, et al. Roles and strategies of foreign MNE subsidiaries in New Zealand[J]. European Journal of International Management, 2019, 13(6): 757-784.

[308]Reimann F, Rauer J, Kaufmann L. MNE subsidiaries' strategic commitment to CSR in emerging economies: The role of administrative distance, subsidiary size, and experience in the host country[J]. Journal of Business Ethics, 2015(132): 845-857.

[309]Rios-Ballesteros N, Fuerst S. Exploring the enablers and microfoundations of international knowledge transfer[J]. Journal of Knowledge Management, 2022, 26(7): 1868-1898.

[310]Röell C, Arndt F, Kumar V. A blessing and a curse: Institutional embeddedness of longstanding MNE subsidiaries in emerging markets[J]. Journal of Management Studies, 2024, 61(2): 561-594.

[311]Röell C, Osabutey E, Rodgers P, et al. Managing socio-political risk at the subnational level: Lessons from MNE subsidiaries in Indonesia[J]. Journal of World Business, 2022, 57(3): 101312.

[312]Roh T, Lee M J, Yang Y S, et al. Learning by giving-and-taking: Two-way knowledge transfer between core and periphery[J]. European Management Journal, 2024.

[313]Roth K, Morrison A J. Implementing global strategy: Characteristics of global subsidiary mandates[J]. Journal of International Business Studies, 1992(23): 715-735.

[314] Ruggie J G. Multinationals as global institution: Power, authority and relative autonomy[J]. Regulation & Governance, 2018, 12(3): 317-333.

[315] Rugman A M, Verbeke A. Corporate strategies and environmental regulations: An organizing framework[J]. Strategic Management Journal, 1998, 19(4): 363-375.

[316] Rugman A M, Verbeke A. Extending the theory of the multinational enterprise: Internalization and strategic management perspectives[J]. Journal of International Business Studies, 2003(34): 125-137.

[317] Rugman A M, Verbeke A. Liabilities of regional foreignness and the use of firm level and country level data[R]. 2007.

[318] Ryan P, Giblin M, Andersson U, et al. Subsidiary knowledge creation in co-evolving contexts[J]. International Business Review, 2018, 27(5): 915-932.

[319] Samiee S, Katsikeas C S, Hult G T M. The overarching role of international marketing: Relevance and centrality in research and practice[J]. Journal of International Business Studies, 2021, 52(8): 1429-1444.

[320] Santangelo G D, Dellestrand H, Andersson U. Institutional antecedents of subsidiary external embeddedness: Coping with regulatory competitive constraints[J]. Long Range Planning, 2019, 52(4): 101851.

[321] Santangelo G D, Meyer K E. Internationalization as an evolutionary process[J]. Journal of International Business Studies, 2017(48): 1114-1130.

[322] Sarasvathy S, Kumar K, York J G, et al. An effectual approach to international entrepreneurship: Overlaps, challenges, and provocative possibilities[J]. Entrepreneurship Theory and Practice, 2014, 38(1): 71-93.

[323] Schollhammer H. Organization structures of multinational corporations[J]. Academy of Management Journal, 1971, 14(3): 345-365.

[324] Schotter A, Beamish P W. Performance effects of MNC headquarters-subsidiary conflict and the role of boundary spanners: The case of headquarter ini-

tiative rejection [J]. Journal of International Management, 2011, 17 (3): 243-259.

[325]Sewak M, Lamin A. The attention game: How external peers shape headquarters' attention to subsidiaries[J]. AIB Insights, 2024.

[326]Shearer J C. High-level manpower in overseas subsidiaries[J]. The International Executive (pre-1986), 1960, 2(4): 10.

[327]Shi Y, Cui T, Kurnia S. Value co-creation for digital innovation: An interorganizational boundary-spanning perspective[J]. Information & Management, 2023, 60(5): 103817.

[328]Solberg C A. Educator insights: Standardization or adaptation of the international marketing mix: The role of the local subsidiary/representative[J]. Journal of International Marketing, 2000, 8(1): 78-98.

[329]Song J W. How MNE subsidiaries transfer HRM practices in distant environments: A tale of two IKEA subsidiaries[J]. Journal of International Management, 2021, 27(2): 100850.

[330]Song J, Shi J. The paradox of technological capabilities: A study of knowledge sourcing from host countries of overseas R&D operations[J]. Journal of International Business Studies, 2008, 39(2): 291-303.

[331]Stopford M, Wells L T. Managing the multinational enterprise: Organization of the firm and ownership of the subsidiaries[J]. International Affairs, 1973, 49(3): 450-451.

[332]Sturgeon T J. Upgrading strategies for the digital economy [J]. Global Strategy Journal, 2021, 11(1): 34-57.

[333]Sturgeon T, Van Biesebroeck J, Gereffi G. Value chains, networks and clusters: Reframing the global automotive industry[J]. Journal of Economic Geography, 2008, 8(3): 297-321.

[334]Su C, Kong L, Ciabuschi F, et al. Demand and willingness for knowledge transfer in springboard subsidiaries of Chinese multinationals [J].

Journal of Business Research, 2020(109): 297-309.

[335] Su F, Liang X, Cai S, et al. Assessment of parent - subsidiary companies' geographical distance effect on corporate social responsibility: A case of A-share listed companies[J]. Economic Research-Ekonomska IstražIvanja, 2022, 35(1): 4922-4946.

[336] Sun S L, Peng M W, Ren B, et al. A comparative ownership advantage framework for cross-border M&As: The rise of Chinese and Indian MNEs [J]. Journal of World Business, 2012, 47(1): 4-16.

[337] Surdu I, Narula R. Organizational learning, unlearning and re-internationalization timing: Differences between emerging-versus developed-market MNEs[J]. Journal of International Management, 2021, 27(3): 100784.

[338] Surlemont B. A typology of centres within multinational corporations: An empirical investigation[M]//Multinational corporate evolution and subsidiary development. London: Palgrave Macmillan UK, 1998: 162-188.

[339] Sutherland D, Anderson J, Hu Z. A comparative analysis of location and non-location-bounded strategic asset seeking in emerging and developed market MNEs: An application of new internalization theory [J]. International Business Review, 2020, 29(2): 101635.

[340] Taggart J H. An evaluation of the integration-responsiveness framework: MNC manufacturing subsidiaries in the UK[J]. MIR: Management International Review, 1997: 295-318.

[341] Taggart J H. Autonomy and procedural justice: A framework for evaluating subsidiary strategy [J]. Journal of International Business Studies, 1997 (28): 51-76.

[342] Taggart J H. Strategy shifts in MNC subsidiaries[J]. Strategic Management Journal, 1998, 19(7): 663-681.

[343] Tang R W, Buckley P J. Outward foreign direct investment by emerging market multinationals: The directionality of institutional distance [J].

Journal of Business Research, 2022(149): 314-326.

[344]Tao F, Liu X, Gao L, et al. Expatriates, subsidiary autonomy and the overseas subsidiary performance of MNEs from an emerging economy[J]. The International Journal of Human Resource Management, 2018, 29(11): 1799-1826.

[345]Tarba S Y, Frynas J G, Liu Y, et al. Strategic agility in international business[J]. Journal of World Business, 2023, 58(2): 101411.

[346]Tarraço E L, Bernardes R C, Borini F M, et al. Innovation capabilities for global R&D projects in subsidiaries[J]. European Journal of Innovation Management, 2019, 22(4): 639-659.

[347]Teece D J. A dynamic capabilities-based entrepreneurial theory of the multinational enterprise[J]. Journal of International Business Studies, 2014, 45(1): 8-37.

[348]Teece D J. Explicating dynamic capabilities: The nature andmicro-foundations of (sustainable) enterprise performance[J]. Strategic Management Journal, 2007, 28(13): 1319-1350.

[349]Teece D, Peteraf M, Leih S. Dynamic capabilities and organizational agility: Risk, uncertainty, and strategy in the innovation economy[J]. California Management Review, 2016, 58(4): 13-35.

[350]Teng L, Huang D, Pan Y. The performance of MNE subsidiaries in China: Does it matter to be close to the political or business hub? [J]. Journal of International Management, 2017, 23(3): 292-305.

[351]Tippmann E, Scott P S, Reilly M, et al. Subsidiary coopetition competence: Navigating subsidiary evolution in the multinational corporation[J]. Journal of World Business, 2018, 53(4): 540-554.

[352]Tjahjadi B, Soewarno N, Sutarsa A A P, et al. Effect of intellectual capital on organizational performance in the Indonesian SOEs and subsidiaries: Roles of open innovation and organizational inertia[J]. Journal of Intellectual

Capital, 2024.

[353]Trąpczyński P, Jankowska B, Puślecki Ł, et al. Polish subsidiaries in Germany—Post-transition country firms' legitimation strategies[J]. Przegląd Europejski, 2023(3).

[354]Tuominen M, Rajala A, Möller K. How does adaptability drive firm innovativeness? [J]. Journal of Business Research, 2004, 57(5): 495-506.

[355]Ul Haq H, Drogendijk R, Holm D B. Attention in words, not in deeds: Effects of attention dissonance on headquarters-subsidiary communication in multinational corporations[J]. Journal of World Business, 2017, 52(1): 111-123.

[356]Vahlne J E, Johanson J. The Uppsala model: Networks and micro-foundations[J]. Journal of International Business Studies, 2020, 51(1): 4-10.

[357]Valentino A, Schmitt J, Koch B, et al. Leaving home: An institutional perspective on intermediary HQ relocations[J]. Journal of World Business, 2019, 54(4): 273-284.

[358]Gonzalez R VD, Martins M F. Mapping the organizational factors that support knowledge management in the Brazilian automotive industry[J]. Journal of Knowledge Management, 2014, 18(1): 152-176.

[359]Velez-Ocampo J, Gonzalez-Perez M A. Internationalization and capability building in emerging markets: What comes after success? [J]. European Management Review, 2022, 19(3): 370-390.

[360]Verbeke A, Kano L, Yuan W. Inside the regional multinationals: A new value chain perspective on subsidiary capabilities[J]. International Business Review, 2016, 25(3): 785-793.

[361]Vernon R. International Investment and International Trade in the Product Cycle[J]. Quarterly Journal of Economics, 1966, 80(2): 190-207.

[362]Volberda H W, Khanagha S, Baden-Fuller C, et al. Strategizing in a digital world: Overcoming cognitive barriers, reconfiguring routines and intro-

ducing new organizational forms [J]. Long Range Planning, 2021, 54(5): 102110.

[363] Wang C L, Ahmed P K. Dynamic capabilities: A review and research agenda [J]. International Journal of Management Reviews, 2007, 9(1): 31-51.

[364] Wang S L, Luo Y, Lu X, et al. Autonomy delegation to foreign subsidiaries: An enabling mechanism for emerging-market multinationals [J]. Journal of International Business Studies, 2014(45): 111-130.

[365] Wang S, Chen X, Ye J, et al. How diversification of overseas subsidiaries affects parent company innovation performance: Evidence from China's multinationals [J]. Frontiers in Psychology, 2024(15): 1344816.

[366] Wei Z, Nguyen Q T K. Local responsiveness strategy of foreign subsidiaries of Chinese multinationals: The impacts of relational-assets, market-seeking FDI, and host country institutional environments [J]. Asia Pacific Journal of Management, 2020(37): 661-692.

[367] White Ⅲ G O, Chintakananda A, Rajwani T. Seeds of corruption? The contingent role of ties to politicians and foreign subsidiary relations with government-sponsored financial institutions [J]. British Journal of Management, 2023, 34(1): 466-486.

[368] White R E, Poynter T A. Strategies for foreign-owned subsidiaries in Canada [J]. Business Quarterly, 1984, 49(2): 59-69.

[369] Williams C, Du J, Zhang H. International orientation of Chinese internet SMEs: Direct and indirect effects of foreign and indigenous social networking site use [J]. Journal of world business, 2020, 55(3): 101051.

[370] Williamson O E. Markets and hierarchies: Analysis and antitrust implications: A study in the economics of internal organization [J]. University of Illinois at Urbana-Champaign's Academy for Entrepreneurial Leadership Historical Research Reference in Entrepreneurship, 1975.

[371] Woiceshyn J, Daellenbach U. Integrative capability and technology adoption: Evidence from oil firms[J]. Industrial and Corporate Change, 2005, 14(2): 307-342.

[372] Wu J, Ang S H. Network complementaries in the international expansion of emerging market firms [J]. Journal of World Business, 2020, 55 (2), 101045.

[373] Wu J, Zhou N, Park S H, et al. The role of FDI motives in the link between institutional distance and subsidiary ownership choice by emerging market multinational enterprises[J]. British Journal of Management, 2022, 33 (3): 1371-1394.

[374] Wu S, Huang X, Fan D, et al. Cluster linkages in the global production networks: Exploring the impacts on the expansion of emerging market multinationals[J]. Transportation Research Part E: Logistics and Transportation Review, 2023(171): 103039.

[375] Wu Y, Strange R, Shirodkar V. MNE divestments of foreign affiliates: Does the strategic role of the affiliate have an impact? [J]. Journal of Business Research, 2021(128): 266-278.

[376] Xu D, Shenkar O. Note: Institutional distance and the multinational enterprise[J]. Academy of Management Review, 2002, 27(4): 608-618.

[377] Yamin M, Otto J. Patterns of knowledge flows and MNE innovative performance[J]. Journal of International Management, 2004, 10(2): 239-258.

[378] Yan Y, Li J, Zhang J. Protecting intellectual property in foreign subsidiaries: An internal network defense perspective[J]. Journal of International Business Studies, 2022, 53(9): 1924-1944.

[379] Yang B, Zhang S, Wu B. Organizational legitimacy and cross-border acquisition: Emerging market multinationals[J]. Management Decision, 2024.

[380] Yang M, Deng P. Cross-Border M&As by Chinese companies in advanced countries: Antecedents and implications[J]. Thunderbird International

Business Review, 2017, 59(3): 263-280.

[381] Yang X, Rivers C. Antecedents of CSR practices in MNCs' subsidiaries: A stakeholder and institutional perspective[J]. Journal of Business Ethics, 2009(86): 155-169.

[382] Yeow A, Soh C, & Hansen R. Aligning with new digital strategy: A dynamic capabilities approach[J]. The Journal of Strategic Information Systems, 2018, 27(1): 43-58.

[383] Yeung H W C. Transnational corporations, global production networks, and urban and regional development: A geographer's perspective on Multinational enterprises and the global economy[J]. Growth and Change, 2009, 40(2): 197-226.

[384] Yin R K. Case study research and applications: Design and methods [M]. Sage Publication, 2017.

[385] Yin R K. Case study research: Design and methods[M]. Sage Publication, 2009.

[386] Yoo Y, Boland Jr R J, Lyytinen K, et al. Organizing for innovation in the digitized world[J]. Organization Science, 2012, 23(5): 1398-1408.

[387] Young S, Hood N, Dunlop S. Global strategies, multinational subsidiary roles and economic impact in Scotland[J]. Regional Studies, 1988, 22(6): 487-497.

[388] Youssef S M. The integration of local nationals into the managerial hierarchy of American overseas subsidiaries: An exploratory study[J]. Academy of Management Journal, 1973, 16(1): 24-34.

[389] Yu Y, Liu Y, Bai T. Does attention from headquarters influence subsidiary behavior? A social psychological perspective[J]. Long Range Planning, 2019, 52(4): 101877.

[390] Zaheer S, Mosakowski E. The dynamics of the liability of foreignness: A global study of survival in financial services[J]. Strategic Management Journal,

1997, 18(6): 439-463.

[391] Zaheer S. Overcoming the liability of foreignness[J]. Academy of Management Journal, 1995, 38(2): 341-363.

[392] Zeng Y, Xu D. Liability of foreignness and the constitutive legitimation of foreign firms in a host country[J]. Journal of World Business, 2020, 55(5): 101111.

[393] Zhang H, Shu C, Jiang X, et al. Managing knowledge for innovation: The role of cooperation, competition, and alliance nationality[J]. Journal of International marketing, 2010, 18(4): 74-94.

[394] Zhang J. Liability of emergingness and EMNEs' cross-border acquisition completion: A legitimacy perspective[J]. International Business Review, 2022, 31(2): 101951.

[395] Zhang Y, Gregory M. Managing global network operations along the engineering value chain[J]. International Journal of Operations & Production Management, 2011, 31(7): 736-764.

[396] Zhao S, Liu X, Andersson U, et al. Knowledge management of emerging economy multinationals[J]. Journal of World Business, 2022, 57(1): 101255.

[397] Zheng W, Ang S H, Singh K. The interface of market and nonmarket strategies: Political ties and strategic competitive actions[J]. Journal of World Business, 2022, 57(4): 101345.